Las Siete Oraciones Que Dios Siempre Contesta

OTRAS OBRAS DE JASON FRENN

Rompiendo las barreras
Poder para reinventarte

Las Siete Oraciones Que Dios Siempre Contesta

PROMESAS DE DIOS PARA CADA UNO,
EN CADA LUGAR, CADA VEZ

JASON FRENN

Autor de *ROMPIENDO LAS BARRERAS*

New York   Boston   Nashville

Las siete oraciones que Dios siempre contesta
Título en inglés: The Seven Prayers God Always Answers
© 2011 por Jason Frenn
Publicado por FaithWords
Hachette Book Group
237 Park Avenue
New York, NY 10017

A menos que se indique lo contrario, todos los textos bíblicos se han tomado de la Santa Biblia, Nueva Versión Internacional, NVI® © 1999 por la Sociedad Bíblica Internacional. Usadas con permiso. Todos los derechos reservados.

Las citas de la Escritura marcadas RVR1960 han sido tomadas de la Santa Biblia, Versión Reina-Valera 1960 © 1960 Sociedades Bíblicas en América Latina; © renovado 1988 Sociedades Bíblicas Unidas. Usadas con permiso.

Las citas de la Escritura marcadas NTV ha sido tomadas de la Santa Biblia, Nueva Traducción Viviente, © Tyndale House Foundation, 2010. Usado con permiso de Tyndale House Publishers, Inc., 351 Executive Dr., Carol Stream, IL 60188, Estados Unidos de América. Todos los derechos reservados.

Las citas de la Escriura marcadas LBLA han sido tomadas de LA BIBLIA DE LAS AMERICAS © 1986, 1995, 1997 por The Lockman Foundation Usadas con permiso.

Las citas de las Escrituras que llevan la anotación «MENSAJE» pertenecen a *EL MENSAJE.* © 1993, 1994, 1995, 1996, 2000, 2001, 2002. Usadas con permiso de NavPress Publishing Group.

FaithWords es una división de Hachette Book Group, Inc.

El nombre y el logo de FaithWords son una marca registrada de Hachette Book Group, Inc.

ISBN: 978-1-4555-0433-6

Visite nuestro sitio Web en www.faithwords.com
Impreso en Estados Unidos de América

Primera edición: Octubre 2011
10 9 8 7 6 5 4 3 2 1

Dedicado a:
Ese hombre que me ayudó a escoger el título de este libro,
el rey de los gemelos,
el mejor padre que un niño podría pedir,
mi padre.

Índice

Agradecimientos   ix

Introducción: *¿Qué quieres que haga por ti?*   xiii

Capítulo 1: *La oración para pedir dirección*   1

Capítulo 2: *La oración para pedir perdón*   35

Capítulo 3: *La oración para pedir liberación*   67

Capítulo 4: *La oración para pedir provisión*   99

Capítulo 5: *La oración para pedir sanidad*   135

Capítulo 6: *La oración para pedir bendición*   165

Capítulo 7: *La oración para pedir salvación*   195

Conclusión   227

Instrucciones para llevar un diario de oración   239

Preguntas para la reflexión personal y
para el debate en grupo   241

Notas   247

Agradecimientos

Ante todo quiero dar las gracias a Aquel que responde las oraciones. Señor, tú nunca nos dejas ni nos abandonas. Te estoy eternamente agradecido por tu amor inagotable, tu preocupación y tu provisión sobre nuestras vidas.

Gracias, Cindee, por tu paciencia y amor que me han ayudado a superar los altos y bajos con los que me he encontrado en este proyecto. No hay un solo día en el que no dé gracias al Señor por haberte traído a mi vida. Gracias por compartir tu historia con aquellos que se beneficiarán al leer cómo navegaste por las aguas turbulentas. (P. D.: ¡Escribe tu libro!).

Celina, Chanel y Jazmin, soy el padre más afortunado del mundo. Dios me ha bendecido con tres hijas maravillosas y temerosas de Dios. Gracias por ser como son.

Papá y Pea Jay, gracias por derramar vuestro amor en mi vida. Estoy agradecido por quienes son ustedes y por el ejemplo en el que se han convertido. Dick y Jan (mis queridos suegros), gracias por la gran historia, la fe inquebrantable y el amor desinteresado que me han mostrado. Mamá, tu apoyo durante todos estos años ha sido enorme. Gracias por expresarme lo orgullosa que te sientes de mí.

Gracias, Debbie B., por compartir tu historia con este inmenso público. Sé que cientos de miles de lectores se sentirán impresionados por las grandes cosas que el Señor ha hecho en tu vida.

Gracias, Jim C., por asistir a la carpa de ministerio y mostrar diligentemente el amor de Cristo a aquellos que nunca abarrotarían el local de una iglesia.

Gracias, Daniel I., por tu compromiso constante a la hora de ayudar a aquellos que han padecido dificultades desafiantes durante mucho tiempo.

Gracias, Rich Guerra, por ser un gran líder, un gran amigo y un gran cristiano. Sé que el lector disfrutará mucho con la historia de tus abuelos.

Gracias, Don y Maxine Judkins, por vuestro destacado compromiso con la amistad y en la misión. El impacto de su ministerio se seguirá notando en muchas generaciones futuras.

Gracias, George Wood, por haber sido un gran pastor para Cindee y para mí a lo largo de todos estos años. ¡Has dado tanto sin pedir nada a cambio! ¡Gracias!

Gracias, Phil Guthrie, Mary Guthrie, Roland Hinz, y todos mis amigos de Radio Nueva Vida. Esta colaboración ha sido un extraordinario regalo de Dios. Su testimonio alentará a cientos de miles de personas.

Gracias, Arturo Alvarado, por tu amistad y tu apoyo espiritual. No podría haber pedido al Señor un coordinador de campaña más fiel que tú en los años más críticos de este ministerio.

Gracias Andrey Romero y Doña Cristina, por su amistad y fidelidad a pesar de toda la oposición a la que se han tenido que enfrentar. Les cuento entre mis amigos más cercanos.

Gracias Yolanda Zamorano, por el tiempo empleado en compartir el mayor regalo de Dios con un joven *punki* de quince años. Al parecer, la semilla que sembraste cayó en buena tierra. Gracias por tu fidelidad.

Gracias, Rolf Zettersten, por arriesgarte con este autor.

No hay un día en el que no dé gracias al Señor por permitirme el honor y el privilegio de trabajar con uno de los mejores editores del mundo.

Gracias, Joey Paul, por guiarme en este proceso y ser un editor de primera. Además de tus grandes aptitudes, has sido un apoyo maravilloso para mí en lo personal. Me siento muy honrado por haber tenido la oportunidad de trabajar con alguien de tu calibre. (¡Tú y Sharon también necesitan escribir un libro!).

Gracias, Shanon Stowe, por tu pericia y profesionalidad. ¡Tienes un espíritu tan alentador! Es un placer trabajar contigo.

Gracias, Kathleen Stephens, por revisar este documento y darme grandes ideas antes de enviarlo. Dios te ha dado el don de ser una extraordinaria comunicadora.

Gracias, A. Larry Ross, Kristin Cole y Steve Young, por creer en mí y por su diligencia a la hora de ayudarme a correr la voz.

Gracias, Zig Ziglar, Tom Ziglar, Julie Norman, Laurie Magers y a todos mis amigos en la Corporación Ziglar. ¡Algún día habrá una gran nube de testigos que esperarán ansiosamente que lleguen a «la cima»!

Gracias, Robert y Arvella Schuller, Sheila y Jim Coleman, Jim y Gretchen Penner, y todos mis amigos en *Hour of Power*. Estoy muy agradecido al Señor por darme la oportunidad de compartir desde su púlpito.

Gracias, Lori Class, Carrie Paterson, Cindy Surch, Erica Davis, Socorro Dimacali, Joe Class, Lori Schubert, Kimberly Connelly, Leah Yingling, Nancy Infante, Natalie McBroom, Vicki Tewalt, Ron Henry, Shirley Alexander, Scott Anderson, Stacy Holmes, Susan Thibault y Steve Harrison por tomarse el tiempo de leer el manuscrito y hacerme sus valiosos comentarios. Finalmente, gracias Sharon Paul por orar por mí mientras yo escribía este libro.

¿Qué quieres que haga por ti?

¿Qué oración quieres ver contestada? Si pudieras sentarte a tomar un café con Dios y Él te preguntara: «¿Qué quieres que haga por ti?», ¿qué contestarías?, ¿qué pedirías? Piensa en ello. Su pregunta podría marcar el comienzo del mayor avance de tu vida. Estoy convencido de que Dios contesta las oraciones. Sí, incluso las tuyas.

Aun siendo cierto que Dios no es el genio de la lámpara ni Santa Claus, no obstante quiere «concederte los deseos de tu corazón» (Salmo 37.4). Él comprende tus necesidades y, con un corazón lleno de amor, generosidad y compasión, te tiende su mano en este momento de tu vida.

A lo largo de los años me han formulado algunas preguntas muy interesantes acerca de la oración. Con bastante frecuencia suelen inquirir: «¿Es poco espiritual pedir a Dios que me ayude a salir de una deuda o a ganar más dinero?». En ocasiones, algunos me han preguntado en voz baja si es correcto orar para tener una vida sexual más dinámica y trascendente en su matrimonio. Alguien me preguntó si a Dios le preocupaba realmente oír su oración de ser una mejor jugadora de tenis. Aunque pueda parecer que estas peticiones no son muy importantes, sí lo son para aquellos que buscan respuestas. Mi contestación es prácticamente la misma en todas las situaciones. Dios se preocupa más de lo que tú piensas y, desde luego, deberías compartir con el Señor todo lo que hay en tu corazón. En realidad, sería difícil encontrar una conversación que no debiéramos tener con Dios, sobre todo si tu corazón es genuino y tu deseo sincero. La historia siguiente ilustra cuánto se interesa Dios por los detalles de tu vida.

«Dios, necesitamos tu ayuda. Necesitamos tu provisión». Estas fueron las palabras sinceras que anoté en un trozo de papel, mientras estaba sentado en una reunión obligatoria justo antes del mediodía. Mi esposa, mis hijas y yo planeábamos regresar a Estados Unidos desde Centroamérica. El propósito era llevar a cabo un viaje itinerante por todo el país, durante un año, con el fin de recaudar los fondos para nuestro presupuesto ministerial. Necesitaríamos al menos cinco mil dólares para el viaje, hacer el pago inicial de un coche de segunda mano, pagar un depósito de garantía y el primer mes de alquiler. Con el resto, si quedaba algo, compraríamos algo de ropa para las niñas. En pocas palabras: nuestra economía necesitaba de un milagro. Estábamos a 31 de marzo de 1999. Abril llegó y pasó. Nuestra partida estaba prevista para el 24 de mayo.

El último fin de semana nos encontrábamos en Costa Rica, donde prediqué en una iglesia llamada Oasis de Esperanza. Recuerdo aquella noche con todo detalle. Andábamos tan cortos de dinero que mis zapatos tenían agujeros en la suela. Una de las acomodadoras de la iglesia se me acercó y me dijo: «Jason, ¿te molesta que te limpie los zapatos? ¡Los llevas tan sucios!». Aunque aquello me resultaba un tanto humillante, me senté en la parte trasera del santuario mientras ella los lustraba. Cuando acabó, le di las gracias y ella volvió a su sitio.

Aquella noche compartí un sencillo mensaje de cómo Dios es el Dios de las segundas oportunidades. Cuando terminé, el pastor adjunto subió al estrado y, sin yo saberlo, anunció que la iglesia recogería una ofrenda para nosotros. Después de esto me dijo que la utilizara como me pareciera más adecuado. El total de la colecta fueron mil dólares. Nos sentimos abrumados de gratitud por su generosidad y, por supuesto, muy agradecidos al Señor.

La semana anterior a nuestra partida seguíamos necesitando cuatro mil dólares. En ese momento recibí una llamada de mi suegro preguntándome si me podía interesar servir de intérprete para un evangelista argentino, en una campaña que se celebraría en San Diego, California, y que estaba prevista para el día siguiente de nuestra llegada. Los coordinadores necesitaban que alguien tradujera del español al inglés. Me sentí muy honrado por la invitación y le contesté que sería un placer poder ayudar.

Cinco días más tarde aterrizamos en el sur de California y me dirigí a la campaña. Por el camino nos detuvimos en un centro comercial para comprar unos zapatos nuevos. No quería que la gente viera cómo mis dedos atravesaban la suela.

La campaña fue bien.

A la mañana siguiente, el predicador y yo fuimos invitados a desayunar con los pastores que habían patrocinado el evento. Me llevé a las tres niñas al restaurante mientras Cindee disfrutaba de un poco de paz y tranquilidad en la habitación. Cuando acabamos de comer, el coordinador se dirigió a mí y me dijo: «Muchas gracias por habernos servido en esta área. Ha sido una verdadera bendición para nuestros corazones». Después de entregarle un sobre al orador, se volvió hacia mí y me dio otro. Supuse que se trataba de una ofrenda por haber servido de intérprete. Pregunté si podía aplicar el contenido del sobre a una necesidad específica que tuviésemos. Su respuesta fue: «¡Por supuesto!».

Tras despedirnos e intercambiar abrazos, dije a las niñas: «¡Vamos! Demos un paseo por la playa y busquemos un parque». Se sintieron entusiasmadas.

Aguardé hasta que encontramos un lugar con columpios y trepadoras para sacar el sobre. Las niñas corrieron de inmediato a trepar como lo hacen los monos en libertad en los árboles. Abrí el sobre pensando, *Probablemente sería un cheque de doscientos cincuenta o trescientos dólares*. Lo desdoblé. Al principio mis ojos no podían creer lo que veían. *Esto debe ser un error,* pensé. En el lugar del importe se leía: «4.000 dólares». Me froté los ojos durante un instante para asegurarme de que veía bien. A continuación me centré en la parte que especifica la cantidad en letras. Decía lo siguiente: «Cuatro mil dólares y _____ xx/100».

Me puse en pie de un salto y grité: «¡Aleluya! ¡Dios es el que provee para nosotros!». Ciertamente lo es. Mientras yo danzaba alrededor de aquel pequeño parque, mis hijas se preguntaban qué me estaba ocurriendo. Dios había borrado toda mi necesidad económica de un solo soplo poderoso. Había suficiente dinero para que pudiéramos comprar un vehículo usado, nos estableciéramos en un apartamento y compráramos algo de ropa para toda la familia. ¡Me sentía tan entusiasmado!

Seis semanas más tarde emprendimos el itinerario. Manejábamos desde California a Tennessee y pasamos la noche en un hotel de Nuevo México. Me encontraba sentado en el borde de la cama, casi al final de la tarde, cuando recibí una llamada en mi celular.

Del otro lado de la línea sonaba una voz muy seria y un hombre preguntó:

—¿Es usted Jason Frenn?

—Sí —respondí.

—Según tengo entendido, usted ha servido de intérprete en una reciente campaña en la zona de San Diego —me dijo—. Soy el contable del evento. ¿Por casualidad no habrá recibido un cheque nuestro por importe de cuatrocientos dólares?

Sentí como si el mundo dejara de girar y se detuviera con un chirrido.

Respiré hondo y contesté:

—¡No! ¡No! El cheque que ustedes me dieron era por importe de cuatro mil dólares.

—¿Cuatro mil dólares? ¡Vaya! ¡Ahí es donde ha ido a parar todo el dinero! Se ha cometido un gran error, ¡uno de tres mil seiscientos dólares para ser exactos! Necesitamos resolver este problema. No sé en qué estaría yo pensando. ¿Cuál es su situación económica? Quizás podamos encontrar una solución.

En unos siete segundos aproximadamente le conté toda la historia, desde el momento en que hice la anotación en mi diario hasta su llamada aquella tarde.

Cuando acabé de explicarle todo lo que había sucedido, le dije:

—Si ahora me dice que el importe del cheque se debe a un error, y que tenemos que devolver tres mil seiscientos dólares, voy a necesitar un poco de tiempo. Esos cuatro de los grandes ¡se han *evaporado*!

Hubo una gran pausa.

—Si usted me dice que necesitaba exactamente cuatro mil dólares, solo puedo suponer que el Señor me guió a escribir un cheque por ese importe exacto. Debe de ser la voluntad de Dios. Quédese con los cuatro mil dólares y ya veré cómo me las arreglo yo aquí. ¡Que Dios le bendiga!

Y colgó.

Desde luego, Dios contestó mi petición. Por medio de una serie de circunstancias impredecibles, su provisión llegó en el momento en el que la necesitábamos. Su sentido del tiempo es siempre impecable: nunca demasiado pronto, nunca demasiado tarde.

Han pasado casi doce años y hemos visto centenares y centenares de oraciones contestadas. Dios jamás nos ha abandonado ni nos ha engañado, ni nos ha dado falsas esperanzas. Nos ha visto pasar por buenos y malos momentos.

¿Qué hay de ti? ¿Cuáles son tus sueños, tus aspiraciones y tus deseos? ¿A qué montaña te estás enfrentando? ¿Qué oración quieres que se te conteste?

Lo que este libro puede hacer por ti

Al prepararme para escribir este libro sondeé a más de mil personas y les formulé una pregunta: «Si pudieras pedir tres cosas a Dios en oración sabiendo que Él contestará tus peticiones, ¿qué pedirías?». Las respuestas fueron interesantes.

La petición de oración más frecuente fue la *salvación espiritual* de un miembro de la familia o un amigo. La segunda, algún tipo de *mejora económica* o *un ascenso profesional*. La tercera, la *sanidad física*, con frecuencia relacionada con otra persona. La cuarta, el *crecimiento espiritual*. La quinta petición de oración más popular fue *la protección y la seguridad de sus hijos, sus familias o de ellos mismos*. Finalmente, la gente deseaba la fuerza y la oportunidad para *cumplir el llamamiento de Dios* en sus vidas.

Con toda probabilidad, las oraciones que quieres que Dios conteste forman parte de una de las áreas mencionadas más arriba, y mi deseo es que este libro te ayude a orar y a ver los resultados que anhelas. Mi oración es que puedas ver un avance, no solo en un área de tu vida, sino en muchas. Creo firmemente que la intención de Dios es ayudarte a que superes los obstáculos que te impiden, a ti o a un ser querido, ir adelante.

Este libro te dará una perspectiva de las oraciones que Dios siempre responde. Te enseñará a comprender su corazón para que puedas orar según su voluntad. Edificará tu fe para que pueda mover montañas. Te ayudará a experimentar su poder. Mi deseo es que este libro transforme tu vida por completo.

¡Pide lo imposible!

Un hombre ciego de nacimiento estaba sentado junto al borde del camino. Cada día alargaba su mano con la esperanza de que aquellos que pasaban por allí dejaran caer unas cuantas monedas en su taza. Un día, oyó el estruendo lejano causado por un séquito bastante grande que se dirigía hacia él. Hasta ese momento no se había oído que un ciego de nacimiento hubiera recuperado la vista (Juan 9.32). Cuando preguntó a la persona que estaba de pie junto a él a qué se debía toda aquella conmoción, esta le respondió: «Jesús de Nazaret está pasando por aquí».

El famoso sanador ha venido a mi ciudad, pensó. Esperó el momento preciso en el que la figura central del desfile se encontrara más cerca de él y alzó su voz diciendo: «¡Jesús, Hijo de David, ten misericordia de mí!». Los que estaban cerca de él le reprendieron y le dijeron que no molestara al Señor. Pero él alzaba aún más la voz. Ese es el instante en el que Cristo se detiene, se vuelve hacia sus discípulos y ordena: «¡Tráiganlo!». Le condujeron hasta el sanador. Jesús le hizo la pregunta que tarde o temprano nos hace a todos nosotros: «¿Qué quieres que te haga?».

El mendigo podría haber contestado en ese momento: «Desearía un millón de dólares», o quizás, «Me gustaría ser superfamoso». En lugar de ello pidió lo único que no se había hecho jamás en la historia del mundo, lo que parecía ser un imposible. «Quiero ver», contestó. Sin titubear, Cristo concedió su petición diciendo: «Tu fe te ha sanado». (Historia parafraseada de Lucas 18.35-42).

Así como algunos intentaron desanimar al mendigo, siempre habrá gente que sienta que su deber es decirte lo insignificante que eres. Siempre habrá personas que te dirán que no importas, sobre todo cuando tus sueños parezcan imposibles. Siempre habrá quien tenga el don de aguarte la fiesta. Pero Dios no lo hará. A Él le importas. Él siempre escucha, porque te ama. Así que pídele aquello que no se haya hecho nunca antes en tu vida. Te desafío a que le pidas lo imposible.

Como misionero evangelista que ha servido por toda América Latina, el Caribe y Estados Unidos, mi experiencia es que Dios contesta las oraciones que se encuentran en las páginas de este libro. Escribo desde la experiencia de alguien que ha vivido quince años en el corazón de Centroamérica y ha visto cómo Dios transformaba la vida de cientos de miles de personas. Sin lugar a duda, a Él le interesan todos los detalles de tu vida. En última instancia, amigo mío, será tu fe en Él la que te permita ver los milagros y los avances que persigues.

Nuestra hoja de ruta

Este libro trata de siete oraciones que Dios siempre contesta. Son plegarias cuyo objetivo es impulsar la mano de Dios a que te dirija, te perdone, te libere, provea para ti, te sane, te bendiga y te salve. Son bíblicas y tengo la profunda convicción de que nacieron en el corazón de Dios para beneficiar y bendecir tu vida. Es justo decir que Dios contesta todas las oraciones con un «sí», «no» o «espera». Sin embargo, las oraciones que se debaten en este libro tienen, todas ellas, algo maravilloso en común. Existen oraciones a las que Dios siempre responde positivamente, de un modo u otro. En un tiempo en el que la gente cuestiona si Dios interactúa con la humanidad y la incredulidad se extiende como un virus, el propósito de este libro es enseñarte a orar de una forma en la que veas, con toda claridad, el poder con el que se mueve la mano de Dios.

Este libro puede serte útil de dos maneras. En primer lugar, puede aplicar estas oraciones a tu vida personal o, si eres un líder, también las puedes aplicar de forma corporativa a aquellos a los que sirves o guías en la actualidad, como tu familia, tu iglesia u organización.

Cada capítulo está dedicado a una oración. Todos los capítulos, desde el primero, están divididos en secciones que explicarán cada una de las oraciones, establecerán un fundamento bíblico, proporcionarán testimonios poderosos, darán diferentes ejemplos en cuanto a la forma de poner en práctica el tipo específico de oración en tu vida. Asimismo, te enseñarán a orar de un modo que te ayude a ver resultados en cada una de las áreas señaladas.

Al concluir esta introducción quiero llamar tu atención a la primera pregunta de la que hablamos con anterioridad. Creo que Dios te hace la misma pregunta en este momento de tu vida. Al principio de este capítulo te proporcioné un escenario. Si pudieras sentarte a tomar una taza de café con el Señor y Él te preguntara: «¿Qué quieres que haga por ti?», ¿cuál sería tu respuesta?

Ahora que nos disponemos juntos a emprender este viaje, te voy a pedir que prestes atención a dos cosas. En primer lugar, haz una nota mental de las oraciones que quieres que

Dios conteste. En segundo lugar, mantén los ojos abiertos para ver las posibles formas que Él puede utilizar para responderlas. (Al final del libro encontrarás instrucciones de cómo llevar un diario de oración).

Si deseas ver tus oraciones contestadas, abróchate el cinturón y prepárate para las cosas increíbles y milagrosas que van a ocurrir en tu vida. Si estás preparado para experimentar algo que transforma, ¡vuelve la página y, juntos, daremos comienzo a este viaje!

Las Siete Oraciones Que Dios Siempre Contesta

CAPÍTULO UNO

La oración para pedir dirección

Un amigo mío, pastor en una gran ciudad de Estados Unidos, me habló recientemente acerca de un hombre de mediana edad que asistía a su iglesia. Le voy a llamar John. Mi colega estaba dirigiendo un estudio bíblico de entresemana en el que trataba la forma en la que Dios guió y cómo habló al pueblo en el Antiguo Testamento. Una noche, al acabar la reunión, John se dirigió hacia donde estaba su auto. Hizo una pequeña pausa y oró: «Dios, te ruego que me dirijas y que me hables como lo hiciste en el Antiguo Testamento. Quiero reconocer tu voz y tu dirección». A continuación, puso en marcha su vehículo y emprendió el camino a casa. Mientras manejaba por la carretera abajo, tuvo la impresión de que alguien le decía que fuese a un almacén para hacer una compra. *Qué extraño*, pensó. *Debe de ser cosa de mi imaginación*. Intentó apartar ese pensamiento, pero la sensación seguía en aumento.

Al acercarse a un pequeño supermercado, sintió que tenía que entrar y comprar leche. Luchó por discernir si se trataba del Señor o algo que él mismo estaba fabulando en su cabeza. Estacionó el vehículo y entró. Tras pasear por un par de pasillos, se encontró en pie frente a la sección de refrigerados.

¡Vaya! Esto sí que es extraño, pensó, *estoy a punto de comprar leche sin una explicación lógica.* «Pero Dios —murmuró— yo ni siquiera bebo esto». Sin embargo, existía una convicción coherente que insistía en que comprar la leche era lo adecuado. Sintiendo un cierto conflicto dentro de sí, agarró un galón, pagó al cajero y prosiguió su camino calle abajo. Su aventura estaba a punto de convertirse en algo aún más extraño.

Al acercarse a las inmediaciones de un barrio de familias de bajos recursos, famoso por la alta criminalidad, sintió de repente otra impresión: *Gira a la derecha. Me estás tomando el pelo,* pensó. *¿Está ocurriendo esto realmente?* Esa sensación no se disipó. Más bien siguió en aumento. «Bien —dijo— si eres tú, Señor, necesito que me guíes en esto». Finalmente, tras un par de giros, sintió que el Señor le decía: «Esta es la casa». La calle estaba a oscuras porque las dos farolas estaban fundidas. Aminoró la marcha, se hizo a un lado junto a la curva y estacionó su vehículo frente a la residencia. La pequeña y tranquila voz dijo: «Sube a esta casa, llama al timbre y dales la leche». John respiró profundamente en un esfuerzo inútil de vencer el temor al reparo y se dirigió hacia la puerta principal.

Tan pronto como salió de su auto, el perro del vecino empezó a ladrar a través del cerramiento de malla del patio trasero. Al dirigirse a la casa observó el césped sin cortar y el camino de entrada con parches de asfalto. Entró en el porche y tocó el timbre, pero en un primer momento no tuvo respuesta. Tras esperar un minuto, volvió a llamar. Finalmente, alguien abrió la puerta, que cedió con un crujido. Era un hombre joven e hispano.

John dijo: «Mire, sé que esto le va a parecer una completa locura, pero he comprado este galón de leche y creo que se supone que tengo que dárselo a usted». Sin decir una palabra, el hombre agarró la leche y corrió por el pasillo gritando en español. Después de unos instantes, una mujer joven vino hasta la puerta con un bebé en sus brazos. En un inglés entrecortado, y con lágrimas corriendo por su rostro, dijo: «Mi esposo y yo solo pudimos comprar unas pocas provisiones esta mañana y no teníamos suficiente dinero para poder conseguir leche para nuestro bebé de doce meses. Esta noche, antes de que usted llegara, oramos para que el Señor enviara un ángel en nuestra ayuda. Entonces llamó usted a la puerta. ¿Por casualidad es usted un ángel?».

Ya sea que veas la dirección de Dios en el momento más crítico o que te encuentres atrapado en la rutina, el objetivo de este capítulo es ayudarte a orar de una forma más eficaz proporcionándote sanos principios y ejemplos bíblicos, así como testimonios de la vida real. Se divide en tres partes. La primera establece el fundamento bíblico de la oración para pedir dirección. La segunda muestra cómo esta puede tener un profundo impacto en cinco áreas muy específicas de tu vida. La tercera ofrece dirección cuando te sientes inseguro o abrumado en tiempos de necesidad. Para comenzar, estableceremos un fundamento bíblico con respecto a la primera de las oraciones que Dios siempre contesta: *la oración para pedir dirección.*

I. Ejemplos bíblicos de la respuesta de Dios a la oración para pedir dirección

En más de veinticinco ocasiones, tanto en el Antiguo Testamento como en el Nuevo, la Biblia hace referencia a la dirección de Dios en la vida de aquellos que la procuran. He hecho un listado de unos cuantos versículos que te ayuden a comprender la forma en la que Dios responde a aquellos que le buscan:

De día, el Señor iba al frente de ellos en una columna de nube para indicarles el camino; de noche, los alumbraba con una columna de fuego. De ese modo podían viajar de día y de noche (Éxodo 13.21).

Pues habían subido a llorar en presencia del Señor hasta el anochecer, y le habían consultado: ¿Debemos subir y volver a luchar contra los de Benjamín, nuestros hermanos? Y el Señor les había contestado: Suban contra ellos. (Jueces 20.23).

Los filisteos atacaron la ciudad de Queilá y saquearon los graneros. Cuando David se enteró de lo sucedido, consultó al Señor: ¿Debo ir a luchar contra los filisteos? Ve —respondió el Señor—, lucha contra los filisteos y libera a Queilá (1 Samuel 23.1-2).

David consultó al Señor: ¿Debo perseguir a esa banda? ¿Los voy a alcanzar? Persíguelos —le respondió el Señor—. Vas a alcanzarlos, y rescatarás a los cautivos (1 Samuel 30.8).

Y, mientras vivió Zacarías, quien lo instruyó en el temor de Dios, se empeñó en buscar al Señor. Mientras Uzías buscó a Dios, Dios le dio prosperidad (2 Crónicas 26.5).

El Señor dirige los pasos de los justos; se deleita en cada detalle de su vida (Salmo 37.23 NTV).

Pero cuando venga el Espíritu de la verdad, él los guiará a toda la verdad, porque no hablará por su propia cuenta sino que dirá solo lo que oiga y les anunciará las cosas por venir (Juan 16:13).

Además de estos versículos que hablan de incidentes en los que Dios contestó oraciones que pedían dirección, existen dos ocasiones en las que Dios no respondió a tales peticiones. A causa de su corazón poco sincero y su afición por lo oculto, Dios lamentó haber dado a esa persona el puesto de liderazgo (1 Samuel 15.11). Se trataba del rey Saúl.

> Saúl entonces le preguntó a Dios: «¿Debo perseguir a los filisteos? ¿Los entregarás en mano de Israel?». Pero Dios no le respondió aquel día (1 Samuel 14.37).

> Pero cuando vio Saúl al ejército filisteo, le entró tal miedo que se desanimó por completo. Por eso consultó al SEÑOR, pero él no le respondió ni en sueños, ni por el *urim* ni por los profetas. Por eso Saúl les ordenó a sus oficiales: —Búsquenme a una adivina, para que yo vaya a consultarla. (1 Samuel 28.5-7).

Existe una explicación bíblica de por qué Dios no respondió a la petición de Saúl: «Saúl murió por haberse rebelado contra el SEÑOR, pues en vez de consultarlo, desobedeció su palabra y buscó el consejo de una adivina. Por eso el SEÑOR le quitó la vida y entregó el reino a David hijo de Isaí» (1 Crónicas 10.13-14).

Entonces, aparte de la fe ¿cuál es el requisito previo para que Dios conteste nuestras oraciones? ¿Acaso una teología perfecta? No necesariamente. La Biblia tiene muchos ejemplos de personas que habían entendido mal o tenían ideas erróneas y, sin embargo, Dios eligió bendecirles y sanarles (Marcos 9.39-40; Lucas 9.49-50). ¿Será el requisito previo que tengamos un corazón perfecto? Probablemente no. ¿Cuántas veces pecó David, derramó sangre inocente o mintió para salvar su propio pellejo? Con todo, a pesar de sus actos, Dios le bendijo y contestó sus oraciones. Entonces, ¿cuál es el requisito previo? La respuesta es: un corazón sincero. Cuando oras con sinceridad, Dios responde. Mientras no tengas un corazón como el de Saúl, puedes estar seguro de que Él te responderá cuando le pidas dirección.

¿Estás buscando consejo? Si es así, yo he investigado cuáles son las oraciones que Dios siempre contesta y la primera que quiero compartir contigo es la oración para pedir *dirección*. En el caso de aquellos que tienen un corazón genuino y sincero, nunca he encontrado un lugar en las Escrituras donde Dios no respondiera favorablemente a sus peticiones. La oración que se resume más abajo es bíblica. Muchos grandes hombres y mujeres de fe han orado de una forma similar. Si necesitas dirección, haz esta oración o léela y usa tus propias palabras al comenzar y acabar tu día. Luego utiliza el ejemplo del diario de oración que encontrarás al final del libro para anotar cómo responde Dios.

La oración para pedir dirección

Dios, tú ordenas los pasos del justo. Si he hallado gracia en tus ojos, guía cada paso que dé y cada acto. Ayúdame a reconocer tu camino y a discernir el lugar al que tú quieres que yo vaya. Abre puertas que nadie pueda cerrar, y cierra aquellas que yo deba evitar. Permíteme ver con claridad y sin confusión cuál es tu dirección. Dame una señal inequívoca hoy, esta semana, o este mes, con respecto a la dirección que yo debería tomar. Quiero hacer tu voluntad. Guíame en el nombre de Cristo, amén.

Aunque puedes aplicar esta oración a muchas áreas distintas

de tu vida, es posible que sientas la necesidad de dirección en algo específico. Por esa razón he perfilado cinco áreas distintas que nos ofrecen perspectivas piadosas en la oración para pedir dirección y guía. Incluyen la orientación de Dios para una dirección en general, las relaciones, la economía, la salud y la familia.

II. Cómo puede transformar la oración para pedir dirección cinco áreas de tu vida

1. Descubre la dirección de Dios en tu vida

¿Te has preguntado alguna vez: *Qué estoy haciendo con mi vida?* Yo sé que lo he hecho una o dos veces. A menudo podemos sentirnos irritados cuando nos parece que no vamos en la dirección correcta. En periodos de frustración nos puede parecer que estamos dando vueltas o simplemente que nos estamos limitando a sobrevivir o existir de un día al siguiente. En esos momentos, si estamos abiertos, es cuando Dios nos guiará. A pesar de nuestras circunstancias Dios responde a nuestras peticiones de dirección y nos ayuda señalándonos soluciones piadosas.

Imagina por un momento que tienes setenta y cinco años y te sientes inquieto porque tu vida no ha resultado ser como tú habías previsto. Supongamos que intentaste tener hijos, pero tú y tu esposa no lo consiguieron. Para empeorar las cosas, planeabas mudarte a un lugar maravilloso cuando te jubilaras, pero por circunstancias fuera de tu control te viste obligado a detenerte a ochocientos kilómetros de tu meta. Este escenario no es ficción. Es lo que ocurrió en la vida de Abraham. Probablemente se sintiera frustrado en algunos momentos.

Cuando Abraham buscó la dirección de Dios, el Señor le

respondió: «Deja tu tierra, tus parientes y la casa de tu padre, y vete a la tierra que te mostraré. Haré de ti una nación grande, y te bendeciré; haré famoso tu nombre, y serás una bendición. Bendeciré a los que te bendigan y maldeciré a los que te maldigan; ¡por medio de ti serán bendecidas todas las familias de la tierra!» (Génesis 12.1-3).

Así que Abraham se puso en marcha según el Señor le dirigió. Tenía un nuevo aliciente en su vida y Dios le guió en cada paso del camino. ¿Cuál fue el resultado final? Él y su familia heredaron la Tierra Prometida. «Por la fe Abraham, cuando fue llamado para ir a un lugar que más tarde recibiría como herencia, obedeció y salió sin saber a dónde iba. Por la fe se radicó como extranjero en la tierra prometida, y habitó en tiendas de campaña con Isaac y Jacob, herederos también de la misma promesa» (Hebreos 11.8-9).

Cuando pidas a Dios que te dé su dirección, la recibirás; si buscas respuestas, Él promete que las encontrarás; si estás buscando una puerta, Él dice que para ti se abrirá aquella que sea la correcta (Lucas 11.9). Si luchas con la pregunta: «¿Qué estoy haciendo con mi vida?» el Señor te hablará y te dará dirección.

Como la mayoría de los inmigrantes, Felipe llegó a Estados Unidos en busca de una vida mejor. Su esperanza y su sueño era empezar de nuevo, hacer riqueza y sacar a su familia adelante en un mundo de oportunidades. Desafortunadamente, poco después de su llegada al valle de San Fernando, empezó a beber. Muy pronto, su costumbre diaria se convirtió en un vicio. Su esposa Juana trabajó duro para mantener la familia a flote.

Un día iba caminando por la calle y vio lo que creyó ser la carpa de un circo. Con cierta curiosidad, entró por las cortinas de vinilo esperando ver payasos, un trapecio y toda una variedad de animales salvajes. Cuál no sería su sorpresa cuando vio que no era un circo. Era una campaña de evangelización. No quiso marcharse bruscamente, así que se sentó detrás y decidió esperar la primera oportunidad para deslizarse hasta el exterior. El culto comenzó y, antes de que pudiera darse cuenta, estaba escuchando el mensaje.

El predicador dijo: «Jesucristo puede perdonar tus pecados. ¡Entrégale hoy tu vida! Cuando hizo la invitación, Juana se puso en pie, caminó hacia la parte delantera y entregó su vida al Señor. Algo milagroso ocurrió. La carga que había llevado durante años fue retirada de sus hombros. En el camino de regreso a su hogar aquella noche, reflexionó sobre la razón por la cual su familia había inmigrado a Estados Unidos. Había venido en busca de una vida mejor y Dios los había guiado en cada paso del camino.

Cuando llegó a su casa encontró a su marido bastante ebrio y esperándola.

—¿Dónde has estado? —le preguntó.

—Fui a la reunión de la carpa, a tres bloques de aquí. No es un circo. Es una iglesia.

—¿Qué? —exclamó Felipe—. ¿Has ido a un culto religioso?

—Sí, así es.

—Pues te prohíbo que vuelvas allá —dijo él—. ¡Mejor dicho, si se te ocurre ir otra vez tomaré mi pistola, mataré al predicador y te sacaré a rastras de los pelos delante de todo el mundo! ¿Te estás enterando?

Siendo como era una fuerte mujer latina, no iba a consentir que le dijeran lo que podía o no podía hacer. Además, ella creía firmemente que Dios estaba dirigiendo sus pasos y sabía que lo mejor para su familia era seguir la dirección de Dios. Se propuso en su corazón volver a la noche siguiente.

Al día siguiente, al final de la tarde, se dirigió a la campaña. Cuando su esposo descubrió adónde había ido, agarró su pistola, la metió en la parte trasera de sus pantalones por debajo de la chaqueta. Se dijo a sí mismo: *Cuando llegue allí, voy a dispararle al predicador y arrastrar a mi mujer por los pelos y la voy a sacar de esa reunión delante de todo el mundo. Se va a arrepentir de no haberme obedecido.* A continuación, bebido y enfadado como estaba, se dirigió hacia la campaña.

Al salir de casa empezó a llover. Cuando llegó a la carpa estaba diluviando. Rápidamente, se deslizó hacia la parte trasera y se quedó de pie durante unos momentos. Quería esperar a que dejara de llover antes de hacer ningún movimiento. Pero la lluvia no dejaba de caer y, finalmente, se sentó. Durante el mensaje, el pastor repitió la frase que había utilizado la noche anterior: «Jesucristo puede perdonar tus pecados. ¡Entrégale hoy tu vida!». Las lágrimas empezaron a rodar por las mejillas de Felipe. La única pregunta que daba vueltas en su cabeza era: *¿Qué estoy haciendo con mi vida?*

Cuando el pastor hizo la invitación, Felipe se puso en pie y caminó hacia el frente. Aquella noche, Felipe Guerra entregó su corazón al Señor y comenzó un viaje que duraría toda la vida y que impactó a las generaciones venideras. Tanto él como su esposa habían venido a este país en busca de una vida mejor y, por medio de una serie de acontecimientos imprevistos, la encontraron. Dios les ayudó a encontrar la respuesta a la pregunta: ¿Qué estoy haciendo con mi vida?

Unos cuantos años más tarde, Felipe Guerra comenzó una de las primeras iglesias pentecostales de habla hispana en el valle de San Fernando. En 1960, su nieto de cinco años entregó su vida a Cristo durante un culto en aquella iglesia que él había plantado. Hoy Rich Guerra es el superintendente de las Asambleas de Dios en el sur de California. Dios dirige a gente como Abraham y Felipe todos los días y bendice a las generaciones que les siguen.

¿Responderá Él a tu oración para pedir dirección? ¡Absolutamente! La siguiente oración te ayudará a pedir a Dios que te oriente para dirigirte en general de modo que puedas ver cómo se mueve su mano poderosa en tu vida:

Dios, te pido que me des una dirección clara y orientación en mi vida y en mis circunstancias actuales. Algunas veces me siento desilusionado y desanimado. Muéstrame tu senda que traerá bendición a mi vida, mi familia y mis demás relaciones. Creo que tienes un propósito específico y un destino para mí. Ayúdame a identificarlo y dame la fuerza de caminar en armonía con tu divina voluntad. Dame ojos para ver tu dirección con claridad, sin ninguna distracción ni confusión. Te lo pido en el nombre de Cristo, amén.

2. Descubre la dirección de Dios en tus relaciones

¿No te gustaría saber qué relaciones merecen realmente la pena? ¿Cuántas personas hacen amistad con individuos que no tienen el más mínimo sentido del compromiso o de la lealtad? O, lo que es peor, ¿cuántas amistades sacan lo peor de la gente cuando la echa abajo en lugar de alentarlas? ¿Cuántas mujeres se desilusionan por una relación que no conduce a ninguna parte o se aferran a un tipo que nunca ha madurado realmente? Y en el mundo de los negocios, ¿cuántas personas de buen corazón descubren, cuando ya es muy tarde, que su socio les ha hecho un desfalco?

Dios te puede guiar hacia amistades sanas y a evitar aquellas que son destructivas. ¿Cómo? Cuando le pides que te guíe en cuanto a las relaciones de tu vida, ya sean profesionales o informales, Él te dará abiertamente la perspectiva que necesitas. Quizás uno de los mejores ejemplos de una relación piadosa es la que había entre David y Jonatán. Era una amistad guiada por el Señor.

El joven bajó la mirada y contempló al gigante inconsciente. Los soldados salieron de su escondite y comenzaron a aclamar al joven pastor de ovejas. Entonces sacó la espada de Goliat, la alzó en el aire y le decapitó. Después de matar a Goliat David se convirtió al instante en una celebridad nacional. Sin embargo, el rey Saúl no se sentía impresionado. Tuvo envidia de que el favor del Señor estuviera sobre él. Finalmente, sus celos se convirtieron en temor y este en odio. Conspiró muchas veces para matar a David, pero el hijo del rey, Jonatán, intervino. Por muy elaborado que fuera el plan, Jonatán siempre se las arreglaba y hacía llegar un mensaje a su amigo para que salvara la vida.

Jonatán era el siguiente en la línea sucesoria para heredar el trono, pero, mientras David viviera, su ascenso al trono estaba en duda. Aun así, nunca tuvo que replantearse su compromiso con David. Jamás puso su propia carrera por delante de su amigo.

Jonatán llegó a encontrarse con David en secreto cuando este se sintió profundamente afligido y «lo animó a seguir confiando en Dios. "No tengas miedo —le dijo—, que mi padre no podrá atraparte. Tú vas a ser el rey de Israel, y yo seré tu segundo. Esto, hasta mi padre lo sabe"» (1 Samuel 23.16-18). ¿Cómo encontró David un amigo tan piadoso? David era una persona que pedía a Dios que le dirigiera. Oraba sin cesar. Por esta razón, el Señor guió a David en las elecciones que hizo con respecto a sus relaciones. Dirigió la relación de David y Jonatán. Cuando pedimos la dirección de Dios, Él nos ayuda a elegir y desarrollar nuestras relaciones. Ofrece su guía cuando estamos dispuestos a seguir su dirección.

Tómate un momento y hazte la siguiente pregunta. *¿Tengo a un amigo piadoso como Jonatán en mi vida, alguien que arriesgaría tanto por mí? ¿Me alientan mis amigos o me echan abajo?* Créeme, amigo mío, Dios quiere que vivas una vida fructífera y llena de sentido. Quiere guiarte hacia relaciones que te alienten y saquen lo mejor de ti.

Poco después de comenzar mi relación con Cristo, caí en la cuenta de que tenía que crecer espiritualmente, pero mis antiguos amigos no compartían mis nuevas convicciones espirituales. Pedí al Señor que me ayudara a desarrollar relaciones piadosas y a discernir cuáles merecían la pena, cuáles serían fructíferas y sanas. Hasta aquel momento la mayoría de mis amigos giraban en torno a los deportes, las fiestas y las galerías comerciales. El Señor no tardó mucho tiempo en traer a alguien a mi vida que me animara y me alentara. Me invitó a acompañarle y pasar tiempo orando juntos y estudiando la Biblia. Oré y Dios puso a alguien en mi vida durante un tiempo cuando necesité tener un buen amigo.

En lo referente a mi esposa puedo decir lo mismo. Durante años estuve orando por la persona adecuada con la que contraer matrimonio. Aunque salí con un par de muchachas maravillosas, la persona que Dios guió a mi vida es una de las mejores que conozco. Es una mujer con un carácter de profunda moral, integridad, verdad y, lo más importante de todo, profundidad espiritual. De todas las relaciones humanas que podemos tener, se podría decir que aquella que existe entre los esposos es la más importante. Si buscas sinceramente su dirección, Dios te guiará para que encuentres y desarrolles amistades y relaciones piadosas con personas que serán de gran bendición para ti.

Si tus relaciones actuales no son edificantes, si sacan lo peor de ti, si te llevan en la dirección equivocada, entonces te recomiendo altamente que pidas a Dios que te guíe. Quizás Dios te conduzca de un modo en el que seas capaz de transformar y enriquecer las relaciones que son importantes para ti. O quizás confirme que es hora de progresar. En cualquier caso, si le buscas Él guiará tus pasos. Esta es una promesa con la que puedes contar (Proverbios 20.24).

Dios dirige a la gente cada día y no tengo la más mínima duda de que contestará tu oración en la que le pidas dirección con respecto a tus relaciones. La oración que encontrarás está sacada de varias fuentes bíblicas que puedes utilizar como ejemplo para pedir a Dios que te guíe en tus relaciones. Si necesitas la dirección de Dios para las relaciones de tu vida, te animo a que hagas todos los días esta oración o una que salga de tu corazón. A continuación, toma nota de los cambios que ocurran.

Señor, ayúdame a ser un buen amigo piadoso para aquellos que están en mi vida, y ayúdame a identificar y cultivar a las amistades piadosas que me alienten en lugar de echarme abajo. Guíame a encontrar amigos que saquen lo mejor de mí y me alienten a crecer y estar más cerca de ti. Dame la fuerza de alejarme de las relaciones que no son fructíferas y acércame a las que sí lo son. Te pido que dirijas todas mis relaciones personales y profesionales. Te lo ruego en el nombre de Cristo, amén.

3. Descubre la dirección de Dios en tus finanzas

En enero del 2010, en Estados Unidos había más de 576 millones de tarjetas de crédito en circulación y una familia estadounidense media tenía una deuda de 15.519 dólares por ese concepto. La deuda total del consumidor estadounidense era de 2,44 billones y el tipo de interés moratorio del 11,17%.[1] Al escribir este libro, me siento absolutamente obligado a animarte a que busques la dirección de Dios en tu economía.

Antes de convertirme en misionero comencé mi carrera profesional en ventas, por tanto, fui muy consciente de que, independientemente de la ocupación que tengamos, orar pidiendo la dirección de Dios es el punto de partida. Es esencial, sobre todo cuando se trata de nuestras finanzas. ¿Cómo podría hacer esta declaración? Dios no conduce a nadie a la ruina financiera. Jamás lleva a las personas a endeudarse más de lo que deberían.

Cuando Cindee y yo nos casamos, financiamos nosotros mismos la boda, los muebles, la luna de miel. En aquel tiempo ambos ganábamos un buen sueldo. Yo trabajaba como representante de ventas para una compañía de las que aparecían en la revista *Fortune 500* y ella era ejecutiva adjunta para una empresa de fusiones y adquisiciones. Como la mayoría de las personas, justificábamos nuestros gastos. Sin embargo, cuatro meses más tarde nos dimos cuenta de que no estábamos liquidando nuestra deuda con la rapidez que habíamos planeado. Apenas estábamos consiguiendo cumplir los pagos mínimos.

Nuestros planes consistían en trasladarnos a Costa Rica como misioneros dos años más tarde, pero la organización de nuestra misión no aceptaba solicitudes de individuos que tuvieran una deuda tan cuantiosa como la nuestra. Cindee y yo hicimos una sencilla oración: «Dios, estamos metidos en un agujero. ¡Por favor, ayúdanos a salir de él!». Yo esperaba que Dios abriera las compuertas del cielo y que dejara caer una avalancha de plata sobre nuestras vidas. Dios respondió.

Pero no fue la contestación que yo esperaba. En vez de enviar a alguien con un sobre anónimo en cuyo interior hubiera un billete ganador de la lotería, o a un tío que me dejara una herencia, el Señor emitió una palabra directa y clara: «Vende todos tus muebles nuevos, deja tu apartamento, múdate a una caravana y compra los muebles de reposición en una venta de cosas usadas». «¿Qué? —pregunté—. Pero estamos esperando un bebé para dentro de cuatro meses». El Señor dijo: «Si quieres poner en orden tus finanzas, tienes que hacer elecciones sabias, por muy dolorosas que te puedan parecer».

Por favor, no me malinterpretes. No se trata de un consejo financiero, sino de uno espiritual. Queríamos ser libres y deseábamos pasarnos al campo misionero, así que hicimos todo aquello que el Señor nos guió a hacer. En doce meses, nuestra deuda había bajado de más de 23.000 a 2.500 dólares. ¿Hubo en algún momento una ganancia económica inesperada? No. ¿Nos guió Dios en nuestras finanzas? Desde luego. ¿Resultó difícil? Durante los dos primeros meses, sí lo fue. ¿Nos vimos en peligro en algún momento? ¡Jamás!

En la Biblia vemos que Dios jamás volvió la espalda a aquellos que tenían un corazón sincero y genuino, y que buscaban su dirección.

Asá les dijo a los de Judá: «Reconstruyamos esas ciudades, y levantemos a su alrededor murallas con torres, puertas y cerrojos. El país todavía es nuestro, porque hemos buscado al Señor nuestro Dios; como lo hemos buscado, él nos ha concedido estar en paz con nuestros vecinos» (2 Crónicas 14.7).

Eso mismo hizo Ezequías en todo Judá, actuando con bondad, rectitud y fidelidad ante el Señor su Dios. Todo lo que emprendió para el servicio del templo de Dios, lo hizo de todo corazón, de acuerdo con la ley y el mandamiento de buscar a Dios, y tuvo éxito (2 Crónicas 31.20-21).

Y Jabés fue más importante que sus hermanos. Cuando su madre le puso ese nombre, dijo: «Con aflicción lo he dado a luz». Jabés le rogó al Dios de Israel: «Bendíceme y ensancha mi territorio; ayúdame y líbrame del mal, para que no padezca aflicción» (1 Crónicas 4.9-10).

Finalmente, esto es lo que Dios dice a aquellos que desean inequívocamente seguir su dirección en lo tocante a sus finanzas: «Traigan íntegro el diezmo para los fondos del templo, y así habrá alimento en mi casa. Pruébenme en esto —dice el SEÑOR Todopoderoso—, y vean si no abro las compuertas del cielo y derramo sobre ustedes bendición hasta que sobreabunde» (Malaquías 3.10).

Si has llegado al punto en el que reconozcas la necesidad que tienes de que Dios te dirija en lo referente a tu economía, estoy seguro de que Él te impartirá, por gracia, su infinita sabiduría y perspectiva. Contestará a la oración que hagas pidiendo dirección en tu economía. Si necesitas una sencilla oración que te pueda ayudar a empezar, considera la que te doy a continuación como un ejemplo:

Señor, soy consciente de que el dinero no lo es todo, pero hace falta para las cosas que necesito. Quiero que confíes en mí en lo económico. Muéstrame lo que debo hacer para ser un buen mayordomo. Guía mis pasos para que mi familia y yo podamos caminar en tus bendiciones y provisión. Ayúdame a resistir a todas las tentaciones que me impiden ir hacia delante. Te pido que me guíes en el nombre de Cristo, amén.

4. *Descubre la dirección de Dios en tu salud*

De todas las peticiones de oración que fluyen por Internet, la categoría más amplia con diferencia es la correspondiente a la salud física. Cada día recibo más de veinte peticiones en mi bandeja de correo electrónico personal de todas las personas a lo largo y ancho del mundo que piden la intervención de Dios. Esto me resulta muy interesante. Jesús empezó sanando físicamente a las personas y, hoy día, esta necesidad es tan viable como siempre. Tras siglos de avances médicos, la gente sigue necesitando la ayuda de Dios para los remedios físicos. Enfermamos, morimos prematuramente y seguimos combatiendo dolencias que han asediado a la humanidad durante milenios. Como veremos en la siguiente historia, Naamán era un poderoso jefe que no tuvo más opción que seguir la dirección de Dios.

Era un general altamente respetado del ejército del rey de Aram. Aunque consiguió grandes logros en muchos frentes de batalla, estaba perdiendo su lucha personal contra la lepra.

Una muchacha israelita que acabó trabajando en su casa como sirvienta le dijo: «Ojalá el amo fuera a ver al profeta que hay en Samaria, porque él lo sanaría de su lepra» (2 Reyes 5.3). Cuando Naamán pidió permiso a su superior para ir a Samaria, este no solo estuvo de acuerdo sino que también envió una carta al rey de Israel que decía: «Cuando te llegue esta carta, verás que el portador es Naamán, uno de mis oficiales. Te lo envío para que lo sanes de su lepra» (5.6).

Esto molestó en un principio al rey de Israel, porque se sintió responsable de la sanidad del hombre. Sin embargo, cuando el profeta Eliseo oyó acerca de esto, se dio cuenta de inmediato de la oportunidad que tenía de glorificar al Señor. Envió mensaje al rey, diciendo: «¿Por qué está Su Majestad tan molesto? ¡Mándeme usted a ese hombre, para que sepa que hay profeta en Israel!» (5.8).

Naamán fue a casa de Eliseo, pero este en lugar de salir a saludarle, le envió un mensaje diciendo: «Ve y zambúllete siete veces en el río Jordán; así tu piel sanará, y quedarás limpio» (5.10). Cuando Naamán oyó el mensaje y se dio cuenta de que Eliseo no saldría, se enfureció. Dijo a sus siervos: «¡Yo creí que el profeta saldría a recibirme personalmente para invocar el nombre del SEÑOR su Dios, y que con un movimiento de la mano me sanaría de la lepra!» (5.11). Pensó que en su propio país había muchos ríos y no veía qué tenía de especial el Jordán.

Al final, varios de sus siervos le dijeron: «Señor, si el profeta le hubiera mandado hacer algo complicado, ¿usted no le habría hecho caso? ¡Con más razón si lo único que le dice a usted es que se zambulla, y así quedará limpio!» (5.13). Naamán dejó a un lado su orgullo y se lavó en el Jordán. Cuando emergió después de zambullirse siete veces en el río, su piel era como la de un niño. La lepra había desaparecido por completo.

El gran general regresó a casa de Eliseo, esta vez con toda humildad por el milagro que Dios había hecho. Confesó que no había Dios en toda la creación como el de Israel. Quiso entregar regalos a Eliseo, quien se negó a aceptarlos. Eliseo trabajaba para el Señor y la compensación que Dios le dio fue más que suficiente.

Naamán era un hombre íntegro. A través de la palabra de una muchacha Dios le condujo a un lugar donde se le restauraría su salud. Aun cuando estuvo dispuesto a marcharse y alejarse del don de Dios, el Señor dirigió las palabras de sus siervos para que le convencieran de volverse y dirigirse hacia el Jordán. Era el proceder de Dios. Fue precisamente la dirección que Naamán necesitaba.

Mucha gente se enfrenta hoy a circunstancias similares. Cuando pregunto a gente de las distintas ciudades de los Estados Unidos, Latinoamérica y el Caribe cuáles son sus principales peticiones de oración, muchos me indican que necesitan la ayuda de Dios para afrontar los problemas que afectan a su cuerpo. Muchas veces, por desgracia, la comunidad médica no tiene una solución. Es entonces cuando necesitamos la dirección de Dios. Si nos volvemos a Él, nos guiará y nos ayudará a encontrar las respuestas.

Yo creo que Dios obra en todos los frentes para traer sanidad y restauración a la raza humana. Ya sea que el hombre de Dios «haga un movimiento con la mano sobre el punto concreto y te cure de tu lepra» o que un médico descubra un nuevo tratamiento contra el cáncer en un laboratorio, creo que ambas cosas están inspiradas por Dios. De las dos maneras se trata de una victoria y son dos ejemplos del poder de Dios. Permíteme explicarme.

Fui a correos el lunes por la mañana a recoger nuestros impresos de la valoración médica. En ese momento tenía veintitrés años. Todo parecía estar bien excepto un valor que tenía que ver con el análisis de sangre. Tenía el colesterol en 297. *Eso es imposible*, me dije a mí mismo. Había una nota del doctor que decía: «Intente hacer una dieta baja en colesterol y vuelva a revisión en dos meses».

Compré un libro acerca de bajar el colesterol, corría todas las mañanas y tomé las vitaminas adecuadas. Después de diez meses había perdido diez kilos y me hice un nuevo análisis de sangre. El colesterol me bajó más de 120 puntos. *Ese es el secreto*, pensé. *Lo único que tengo que hacer es comer correctamente y hacer ejercicio, y no tendré que volver a preocuparme más de ello.*

Ocho años más tarde, la organización de nuestra misión nos envió para hacernos un examen físico completo. Esta vez tenía el colesterol en 250 y la presión sanguínea en 140 sobre 85. En mi familia hay antecedentes de enfermedades cardíacas así que, naturalmente, me preocupé. Aunque no había ganado ningún peso, parecía que mis genes estaban ganando la partida.

Pedí al menos a un centenar de personas que oraran por mí. Habría preferido que Dios me sanara instantáneamente, pero por desgracia esto no ocurrió.

No olvidaré nunca el día que fui a mi médico cuando tenía treinta y ocho años. El doctor me desabrochó el puño y me preguntó:

—¿Cómo se siente?

—Me siento bien, ¿por qué? —contesté.

—Tiene la presión sanguínea en 170 sobre 100. ¿Está seguro de que se siente bien?

—Bueno, ahora que lo menciona, desde que he empezado a hablar con usted me siento bastante mal —respondí. Me sentía, cuanto menos, frustrado. En los años que habían llevado hasta ese momento, había trabajado muy duramente para mantenerme en forma y comer correctamente, ¿y qué había conseguido? Después de todos aquellos años postergando la gratificación debía seguir tomando medicación. Entonces él se sentó y echó un vistazo a mi analítica. Fue en ese momento cuando soltó la segunda bomba: «Tiene el colesterol en 272. Le recomiendo que tome medicación también para eso».

Cuando salí de su consultorio, me fui a casa y oré. Dije: «Dios, habría preferido que tú sanaras mi cuerpo. Por alguna razón tú has elegido no hacerlo. Por favor, guíame. Háblame. Dame una señal acerca de la mejor forma de proceder. No quiero tomar medicación porque soy relativamente joven, pero por otra parte tampoco quiero convertir a mi esposa en viuda. Te pido que me guíes en esta hora de decisión».

Hablé con otros dos doctores, uno de Springfield, Missouri, y el otro de Newport Beach, California. Ambos me confirmaron que la medicación que me habían prescrito en Costa Rica era la adecuada para mí. Sin embargo, la conversación más convincente fue la que tuve con Dios. Una mañana, cuando estaba haciendo jogging, sentí otra impresión abrumadora que cambió mi forma de considerar cómo Dios guía a las personas en lo que se refiere a la salud. Me dijo: «Jason, ¿por qué no tomas la medicación? He diseñado tu cuerpo para trabajar con él, de manera a que puedas experimentar una calidad de vida decente. Independientemente que te sane ante un altar o que te tomes la medicación, seguirás necesitando un milagro. La química de tu cuerpo tendrá que funcionar con la medicación. Cada ser humano es diferente. En esencia, todos necesitan algún tipo de milagro, hasta tú. Este es tu milagro». Como Naamán, tuve que tragarme mi orgullo para hacer lo que Dios me indicó que debía hacer. De malas ganas seguí la dirección de Dios y el resultado fue un maravilloso regalo que Él me hizo. Hoy, mi salud está bien. Mi tensión arterial y mi colesterol se mantienen bajos, gracias a los milagros que Dios ha inspirado en la comunidad médica.

Con mucho gusto Dios dirige a aquellos que le buscan. Contesta las oraciones que se le hacen pidiendo dirección, hablándote directamente o colocando en tu vida a personas que te proporcionarán sabiduría piadosa.

Quizás hayas llegado a un punto en el que necesitas la ayuda de Dios en lo que respecta a tu salud. Quizás estás frustrado porque no importa con quién hables, no pareces conseguir ninguna respuesta. Yo creo que al buscar, Dios te proporcionará una puerta abierta. Vuelve tu corazón hacia Él en tu tiempo de necesidad física, y Él te guiará. Quizás deberías considerar hacer la oración siguiente:

Señor, mi cuerpo no responde como yo esperaba, pero

reconozco que tú eres el Autor y el Consumador de la vida. Tú me conocías antes de nacer y formaste cada una de las moléculas de mi código genético. Te pido que me sanes y me guíes a la mejor solución. Me aferro a tu promesa que dice que tú harás todas las cosas para nuestro bien. Recibo tu sanidad, tu dirección y tu plan para mi cuerpo en el nombre de Cristo, amén.

5. Descubre la dirección de Dios para tu familia

¿Cuántas personas desearían tener el discernimiento de Dios para saber con quién deberían casarse antes de pronunciar el «sí quiero»? ¿Cuántos padres sienten temor por no saber qué traerá el mañana, y el resultado es que pierden el sueño por no saber qué impacto tendrá el futuro en sus familias?

Vivíamos a diez minutos de la escuela a la que asistían las niñas. Los maestros eran amables y las dependencias eran nuevas. Parecía que se trataba de la situación ideal. La mayoría de los profesores procedían de una afiliación religiosa similar a la nuestra. Solo había un problema: muchos de los niños que asistían a la escuela no mostraban un carácter tan bueno. Hablaban de una forma grosera a aquellos que venían de otros países. Utilizaban un lenguaje obsceno y no respetaban a sus profesores. Nuestras hijas se sentían tristes y sus notas se resentían.

Había otra escuela de habla inglesa, pero indudablemente tenía sus inconvenientes. Se encontraba a unos cuarenta y cinco minutos de nuestra casa. El precio era más elevado. Y, además, no me entusiasmaba la idea de que nuestras tres pequeñas tuvieran que viajar todos los días durante noventa minutos.

Como mi esposa es hija de misioneros (alguien que ha crecido en el campo de la misión), le dije: «Cariño, haremos lo que te parezca mejor para nuestras hijas». Ella oró y pidió dirección al Señor. Después, sintió una gran paz en cuanto a cambiar de escuela, aunque yo al principio me sentía un tanto renuente. El primer día, después del cambio, las niñas bajaron del autobús diciendo: «¡Nos encanta!».

Los estudiantes tenían modales suaves y manifestaban una cultura maravillosa de amabilidad los unos con los otros. El ambiente era edificante y era propicio para un entorno en el cual aprender. La única cuestión que me preocupaba era, sin embargo, la cantidad de tiempo que las niñas habrían de pasar en un autobús escolar. Poco después, Dios abrió una puerta para que pudiésemos alquilar una casa más bonita a diez minutos de la escuela.

Mi esposa oró pidiendo la dirección de Dios para nuestra familia y el Señor contestó su oración. A pesar de mi renuencia, su respuesta llegó y su provisión fue clara.

¿Qué importancia tiene un cambio de escuela? ¿Qué tipo de impacto tiene en una familia o en los niños? Puedo decir que no es algo insignificante. Es inmenso. Ora pidiendo la dirección de Dios. Podría ser lo más importante que puedas hacer por tu familia.

Si tu familia no va en la dirección correcta, puedes pedir que Dios te guíe. Si deseas ver cómo progresa tu familia y deseas sacarla del simple modo de supervivencia para llevarla a un lugar en el que pueda prosperar, entonces comienza a pedir a Dios que te guíe, y Él lo hará.

Una oración bíblica para pedir dirección en lo que concierne a la familia:

Señor, mi familia necesita tu ayuda. Necesitamos tu dirección y tu guía. Te pido que me ayudes a transmitir tus bendiciones a las generaciones siguientes. Ayúdanos a servirte y a que nos convirtamos en una familia que camine en tu provisión y tu protección. Ayúdanos a dejar a un lado nuestro orgullo y elimina la competencia para que podamos experimentar tu sanidad. Rompe las cadenas de la disfunción generacional y libéranos. Te lo pido en tu precioso nombre, amén.

III. Encuentra la dirección de Dios cuando te sientas inseguro

Existen momentos en los que las incertidumbres a las que nos enfrentamos crean inestabilidad en nuestros corazones. Cuando nos sentimos inseguros y no sabemos qué dirección tomar, Dios es paciente y nos ayudará a resolver las cosas. Nadie entendió esto como Gedeón.

Los israelitas hicieron lo malo ante los ojos del Señor. Durante siete años fueron aplastados por sus enemigos. Cada vez que había una cosecha, invadían todo el territorio y se lo llevaban todo. Su ira no dejaba nada con vida. Los israelitas vivían bajo tal opresión que se vieron obligados a refugiarse en las hendiduras de la montaña, en cuevas y en fortalezas. Finalmente, cuando todo se hizo insoportable, clamaron al Señor pidiendo ayuda.

Gedeón estaba trillando trigo en un lagar y escondiéndolo de los madianitas. El ángel del Señor se le apareció y le dijo:

—¡El Señor está contigo, guerrero valiente!

La introducción desconcertó un poco a Gedeón. Se preguntaba cómo podía estar Dios con ellos con todas las cosas horribles que estaban ocurriendo en su país.

—Nuestros padres nos hablaron del poder de Dios —dijo—. Nos contaron los milagros que Él hizo cuando nos rescató de Egipto. Pero ahora parece que nos ha entregado en manos de Madián.

Era obvio que Gedeón estaba ciego ante el hecho de que los israelitas mismos habían causado su propia desaparición porque hicieron muchas cosas malas ante los ojos del Señor.

Entonces el Señor respondió:

—Ve con la fuerza que tienes, y salvarás a Israel del poder de Madián. Yo soy quien te envía.

—Pero, Señor —objetó Gedeón—, ¿cómo voy a salvar a Israel? Mi clan es el más débil de la tribu de Manasés, y yo soy el más insignificante de mi familia.

—Yo estoy contigo. Eliminarás a los madianitas de tu tierra— contestó el Señor.

Entonces Gedeón formuló la pregunta que todos quisiéramos que se nos contestara:

—¿Cómo puedo saber que eres tú en realidad quien habla conmigo? Dame una señal.

Después de prepararle un sacrificio, Gedeón tomó carne y pan sin levadura y los colocó sobre una roca y derramó caldo sobre ellos. El ángel del Señor tocó con la punta de su bastón la carne y el pan. De repente, de la roca salió fuego que los consumió. Gedeón estaba impresionado. En ese momento se dio cuenta de que no estaba hablando con un simple ángel. Lo estaba haciendo con el único Dios verdadero.

Pronto, todos los enemigos de Israel unieron sus fuerzas y se juntaron en el valle de Jezrel. Fue entonces cuando el Espíritu del Señor descendió sobre Gedeón. Envió mensajeros por toda la tribu de Manasés y convocó a todos sus aliados para que se unieran a él en la batalla. A continuación consultó al Señor una vez más: «Si has de salvar a Israel por mi conducto, como has prometido, mira, tenderé un vellón de lana en la era, sobre el suelo. Si el rocío cae solo sobre el vellón y todo el suelo alrededor queda seco, entonces sabré que salvarás a Israel por mi conducto, como prometiste».

A la mañana siguiente, cuando Gedeón se levantó para ver qué había sucedido, recogió el vellón. Estaba empapado de rocío hasta el punto de exprimirlo y llenar una taza de agua. Entonces, Gedeón pidió una segunda señal. Esta vez hizo la petición al revés. En lugar de que hubiera agua en el vellón, y todo el resto estuviera seco, pidió al Señor que todo el suelo estuviera mojado de rocío y que el vellón quedara completamente seco. Dios hizo lo que Gedeón le pidió para demostrarle que estaba con él.

Gedeón estaba dispuesto para la batalla. Tenía a treinta y dos mil hombres preparados para pelear, pero el Señor dijo: «Tienes demasiados hombres. Tienes que descartarlos a todos menos trescientos de los mejores luchadores». De modo que, tras enviar a veintidós mil hombres de vuelta a sus hogares, él siguió la dirección del Señor. Gedeón los condujo al agua y separó a aquellos que bebían llevándola con las manos a su boca de los que se inclinaban como los perros y bebían arrodillados. El Señor le dijo: «Quédate con los trescientos que bebieron con las manos».

El Señor lo tranquilizó diciendo: «Voy a entregar en tus manos a los madianitas». Gedeón seguía sintiéndose inseguro y era muy comprensible. Los madianitas, los amalecitas y otros muchos grupos se habían reunido y eran demasiado numerosos para contarlos. En ese momento, el Señor le dijo que entrara en el campamento de Madián y que escuchara lo que la gente se decía entre sí. Justo cuando llegó, un hombre le estaba contando su sueño a un amigo. Decía: «Un pan de cebada llegaba rodando al campamento madianita, y con tal fuerza golpeaba una carpa que esta se volteaba y se venía abajo». Su amigo le respondió: «Esto no significa otra cosa que la espada del israelita Gedeón hijo de Joás. ¡Dios ha entregado en sus manos a los madianitas y a todo el campamento!».

Cuando Gedeón oyó el sueño, tuvo la seguridad de que el Señor le estaba guiando en cada paso del camino. Toda duda se esfumó. Su dirección era clara como el cristal. Aquella noche, la batalla comenzó y él guió a trescientos guerreros para vengarse de los grupos de personas que habían oprimido a Israel durante siete largos años. El Señor causó tal confusión en el campamento de Madián que sus guerreros se volvieron los unos en contra de los otros. Gedeón los expulsó fuera de la región y eliminó su liderazgo. Su victoria fue indiscutible y todas las ciudades que se habían negado a dar alimento y agua a sus soldados pagaron finalmente un alto precio por su disensión. (Historia parafraseada de Jueces 6—8 NVI).

Dios ayudó a Gedeón a poner las cosas en orden cuando este se sentía inseguro. Confirmó una y otra vez que estaba con él y que le guiaría a través de la tormenta. Amigo, creo que Dios hará lo mismo contigo. No solo te ayudará a ver cuando las cosas se vuelvan poco claras, sino que también te ofrecerá su dirección durante tu hora más oscura (Isaías 50.10).

Encuentra la dirección de Dios en tiempo de necesidad o en medio de la crisis

«Lo siento, señor. No podemos difundir un boletín de búsqueda para su hija hasta que no pasen al menos veinticuatro horas». Estas palabras fueron las más inquietantes que he oído jamás como padre. En aquel tiempo estábamos viviendo en San José, Costa Rica. Justo una hora antes de esa llamada telefónica, me senté a trabajar en mi computadora cuando mi hija mediana, Chanel, me preguntó si podía salir a jugar.

—¿Dónde está Celina? —le pregunté refiriéndome a su hermana mayor.

—Creo que está en casa de Priscilla —replicó.

—Cariño, puedes salir a jugar, pero solo si tu hermana está contigo.

En ese tiempo, Celina tenía ocho años y Chanel seis.

Cinco minutos más tarde, mi esposa entró y me dio un beso de despedida. Se marchó a comer con una amiga y se llevó el único auto que teníamos. En unos minutos volví a ocuparme de los detalles de mi correspondencia electrónica. Treinta minutos más tarde, me levanté y caminé por el pasillo observando que no se veía a las niñas por ningún sitio. Las llamé por su nombre, pero nadie contestó. Tras comprobar el patio trasero, salí a la parte delantera y vi a Chanel sentada en el bordillo.

—Chanel, ¿dónde está Celina? —inquirí.

—Yo creía que estaba en casa de Priscilla, pero dicen que se marchó.

Sin vacilar crucé la calle para preguntar a nuestros vecinos si mi hija estaba allí. La madre contestó el telefonillo.

—Hola, ¿está Celina ahí?

—No —respondió ella—. Se marchó hace una hora —añadió. De repente, el mundo pareció detenerse con un chirrido.

—¿Por qué? —preguntó—. ¿Hay algún problema?

Ni siquiera me molesté en contestar su pregunta. Volví a nuestra casa a toda prisa y miré debajo de cada cama, en cada armario, en el patio trasero y en cada uno de los lugares de escondite favoritos. Celina no aparecía por ninguna parte.

Pedí a Chanel que se quedara en casa por si Celina volvía tranquilamente. Mientras tanto, corrí a la tienda de la esquina para ver si había ido a comprar caramelos. El propietario dijo que no la había visto en todo el día. Mi preocupación se convirtió en temor. Corrí alrededor del bloque gritando su nombre con toda la fuerza de mis pulmones. La gente empezó a salir de sus casas para ver qué era lo que ocurría. Aun así, nadie tenía información. Nadie había visto nada. Mi hija era muy responsable. Nunca se le ocurriría alejarse. Me temía lo peor.

El miedo a que hubieran podido raptar a mi hijita de ocho años empezaba a abrumarme. Recuerdo de una forma vívida que, finalmente, me quedé en pie en medio de nuestra calle con lágrimas de temor y pánico que rodaban por mi rostro. Alcé mi voz al Señor y dije: «¡Por favor, Dios, dirígeme en este momento crucial! ¡Guía mis actos y mis pasos!».

En lo profundo de mi interior yo sabía que necesitaba comunicarme con mi esposa, pero ella tenía el auto y no disponíamos de celular. Aunque probablemente habría mencionado el nombre del restaurante al que iba, por más que lo intentaba no podía recordar lo que ella había dicho. Por desgracia, yo me veía confinado a la casa. Fui hasta la oficina que tenía en casa y levanté el teléfono para llamar a las autoridades de Costa Rica. Localicé la comisaría de policía a un kilómetro y medio de donde vivíamos.

—Disculpe, señor, pero estoy un poco alterado por lo que ha ocurrido. Creo que mi hija ha sido secuestrada. ¿Podrían emitir un boletín de búsqueda?

—¿Qué ropa vestía? —me preguntó.

Me habría podido preguntar qué distancia había desde la Luna hasta Neptuno. Un tanto avergonzado respondí:

—No puedo recordarlo.

—¿Recuerda cómo es su hija? —replicó.

—Sí, por supuesto. Es rubia con ojos azules —contesté.

—Bueno, en Costa Rica no resultará difícil encontrarla. ¿Desde cuándo está desaparecida?

—Hace aproximadamente una hora que ha desparecido —respondí.

—¿Una hora? —repitió—. Lo siento, señor. No podemos

emitir un boletín de búsqueda para su hija hasta que pasen al menos veinticuatro horas.

Mi corazón se derrumbó. Necesitaba ayuda y la necesitaba rápidamente. La vida de mi hija dependía de ello.

Volví a pedir a Dios que por favor me guiara y me ayudara en este tiempo de necesidad. Una vez más sentí que tenía que contactar con mi esposa. ¿Pero cómo? Pensé: *A mi esposa le encanta el centro comercial. Probablemente estará allí.* Llamé por teléfono y pedí que llamaran por los altavoces públicos, pero me contestaron que el sistema de megafonía estaba averiado. Entonces llamé a mi restaurante favorito donde nos conocen a todos nosotros. Mi esposa no estaba allí. Cuando por fin me calmé lo bastante para recordar su restaurante preferido, cuyo nombre yo era incapaz de pronunciar y mucho menos de deletrear correctamente, llamé a otro misionero para encontrar el nombre de aquel lugar. Tras marcar el 411 para conseguir el número de Ponte Vecchio, el popular restaurante italiano, hice la llamada.

Cuando contestó el director, le dije:

—¿Podría mirar si en su restaurante hay dos señoras pelirrojas? En concreto estoy buscando a mi esposa. Su nombre es Cindee. Si está ahí, podría decirle que se acerque al teléfono?

—Enseguida, señor.

Después de lo que me pareció una eternidad, oí una voz muy familiar al otro lado del teléfono.

—¿Cindee? —pregunté.

—Sí, Jason. ¿Qué ocurre?

—Me temo que tengo malas noticias.

—¿Qué ha ocurrido? —contestó ella.

—Ni siquiera sé cómo decirte esto, pero parece que Celina ha sido secuestrada.

—¿Qué? ¿Qué quieres decir con «secuestrada»? ¿Cómo ha ocurrido?

—Bueno, ella estaba en casa de Priscilla, se marchó de allí y no llegó nunca a casa. Ha desaparecido.

—Eso es imposible —dijo ella.

—Lo sé —repliqué.

—No, lo que quiero decir es que ella no se ha ido.

—¿Qué quieres decir? —pregunté.

—Ya te dije antes de marcharme que la llevaba a casa de Stephanie. Está allí ahora.

Una vez más, el mundo se detuvo.

Desearía que todas las historias relacionadas con una crisis terminaran como esta. Soy consciente de que muchas personas sufren un dolor insoportable en medio de la tragedia. Algunos pueden argumentar que yo no necesitaba ninguna dirección porque mi hija no estuvo en ningún momento en peligro. Eso es cierto. Pero yo sí lo estaba, y este es el sentido de esta historia. En medio de una tormenta turbulenta de noventa minutos, necesitaba dirección. Desde mi perspectiva, la vida estaba fuera de control. Estaba convencido de que mi hija había sido secuestrada. En medio de todo aquel caos emocional, por dos veces el Señor intentó enviarme un mensaje. Finalmente le oí y Él me llevó de vuelta a tierra firme.

¿Sientes que la vida está un poco fuera de control? ¿Estás buscando tierra firme? ¿Para qué oración necesitas respuesta? ¿En qué necesitas dirección? ¿En qué área buscas el liderazgo de Dios? Independientemente de aquello a lo que te estés enfrentando, ¡puedes estar seguro de que Dios te guiará! ¿Qué me da la autoridad de hacer esta declaración? ¿Cómo puedo decir que Dios siempre contesta la oración para pedir dirección? ¡Porque Él siempre quiere llevarnos! Él siempre quiere guiarnos. Y, lo más importante, siempre quiere que le sigamos. Así que, cuando ores para pedir la dirección de Dios, ¡espera una respuesta, porque llegará! *Él es tu guía.*

Al concluir este capítulo, permíteme resumir lo que hemos visto hasta ahora. Si eres sincero y quieres la dirección de Dios de una forma genuina, Él se mostrará fiel en todas las áreas de la vida. Ahora centremos nuestra atención en la segunda de las oraciones que Dios siempre contesta, la oración para pedir perdón. Promete dar esperanza al que no la tiene.

Las oraciones para pedir dirección, incluidas en este capítulo, pueden resumirse en esta sencilla oración de dos frases: *Señor, dirígeme. Te doy total libertad para que guíes mis pasos.*

CAPÍTULO DOS

La oración para pedir perdón

El agente rebuscó cuidadosamente en nuestras pertenencias y luego nos indicó que pasáramos por el detector de metales. Después que el guardia detrás del cristal, de dos centímetros y medio de espesor y a prueba de balas, pulsara el botón, la puerta de ciento cincuenta kilos se cerró de un portazo detrás de nosotros, retumbando por todas las dependencias en las que vivían casi mil reclusos. «¡Despejado!», gritó el guarda. Era evidente que habíamos pasado de un mundo de libertad a uno que nunca antes habíamos visto. A izquierda y derecha las personas de las celdas nos miraban fijamente en silencio, mientras nos abríamos camino por el laberinto de la cárcel del condado.

Mi querido amigo Pablo Kot, que sirve como capellán en varias de las cárceles al sur de California, me invitó a hablar a la población general y a que entregara copias de bolsillo de mi primer libro, *Poder para reinventarte*. Cuando acepté la invitación no tenía ni idea de lo que podía esperar.

Pedí a dos amigos que me acompañaran, Mel Van Meter y Dave Wilson. Después de entrar en el área común de hormigón, rodeado de vallas de seguridad de seis metros de alto, encendimos el pequeño sistema de sonido portátil y oramos.

A las 8.30 de la mañana, apareció un funcionario de prisiones que nos anunció que el primer grupo estaba llegando. Me quedaría corto si dijera que me sentía nervioso.

Paseaban indolentes por el patio, con sus uniformes de color naranja con el anagrama del centro de detención estampado en la parte trasera. Muchas de esas personas cumplían una larga condena por drogas, por violencia pandillera o por asesinato. Quienes imponían su respeto ocuparon su lugar preferencial a la sombra, mientras que las personas con menos antigüedad se sentaron al sol sobre el hormigón caliente. Había ejemplares de gran corpulencia y con un aspecto general de lo que se puede esperar de alguien que está en la cárcel. Se veían cabezas con el cabello largo y otras con corte al cero. Las edades estaban comprendidas entre los dieciocho y los sesenta y cinco años. Había personas de raza blanca, afroamericana, hispana y asiática. Aunque yo era el más alto de la concurrencia, estaba convencido de que cualquiera de aquellas personas podría golpearme sin el menor esfuerzo. Este primer grupo estaba formado enteramente por señoras, así que te puedes imaginar cómo me sentí cuando, más tarde aquel mismo día, me dirigí a los hombres.

Estuve compartiendo durante veinticinco minutos y conté mi testimonio acerca de cómo el Señor me había rescatado de un loco pasado lleno de confusión y disfunción. Concluí mi mensaje diciendo: «Dios te ama y te quiere perdonar. Te ve como la niña de sus ojos. Si quieres hoy el perdón de Dios, por favor alza su mano para que pueda orar por ti». Las lágrimas empezaron a rodar por la mejilla de varias de las señoras. Ochenta y una mujeres de noventa levantaron su mano aquella mañana.

Tras un corto receso, nos dirigimos al patio para hablar con los hombres. Era un acre de hierba con una cancha de baloncesto de cemento. La mayoría de las campañas que solemos celebrar tienen lugar en estadios, polideportivos o centros de convenciones. Jamás hemos tenido a guardas armados apostados en puntos estratégicos. Sin embargo, aquella tarde fue diferente. Los funcionarios de prisiones, con sus rifles cargados, se encontraban en las torres desde las que dominaban el patio. Los hombres fueron escoltados dentro de aquella zona en fila de a uno. Llevaban las manos unidas a la altura de la cintura. Esta vez, una alta alambrada me separaba de los reclusos.

Justo antes de que me dieran la palabra, eché un vistazo a ese mar de uniformes naranjas. Mi mirada se centró en un joven en particular. Tenía una apariencia física distinta al resto. Su apodo era *Tarzán*. En toda mi vida he visto a un ser humano tan musculoso, tan esculpido, tan forzudo. Se dejó caer en el suelo y empezó a hacer flexiones sin apartar la vista de mí ni un momento. Era, cuanto menos, intimidante. Tenía el aspecto de un león que observa esperando el momento oportuno para atacar a su presa.

Tras un mensaje de veinticinco minutos que concluyó con mi testimonio, hice la pregunta siguiente: «¿Cuántos de ustedes quieren el perdón de Dios». Más de la mitad levantaron la mano. Tarzán hizo un alto en su riguroso régimen de ejercicios y se puso en pie. Siguió fulminándome con la mirada a través de la valla metálica. Después de tres segundos que me parecieron una eternidad, alzó la mano. Aquella tarde, varios centenares de prisioneros pidieron a Cristo que les perdonara por sus pecados para poder comenzar una nueva vida con Dios.

Aquel día, al dirigir a los presos del centro de detención en una sencilla oración por la que pedía que Dios borrara sus deudas espirituales, me di cuenta de que en el centro del corazón humano existe una necesidad vital que solo Dios puede satisfacer. Aunque algunos parezcan indiferentes, la mayoría quiere estar en paz con Dios. Desean tener la sensación de que sus deudas pendientes están saldadas. Pedir a Dios que nos perdone es la única manera de suplir esta necesidad. No hay otra forma de reconciliarnos con Dios.

Quizás tú estás llevando un inmenso peso sobre tus hombres y te sientes emocional y espiritualmente agotado. Es posible que hasta te sientas sucio porque has hecho cosas de las que no te enorgulleces. Si es así, el objetivo de este capítulo es derribar los muros que te impiden experimentar el amor y la paz de Dios. Este capítulo te proporcionará principios bíblicos sanos junto con testimonios de la vida real que demostrarán que Dios quita la pesada carga de culpa (independientemente de lo que haya hecho) de todo aquel que busca su perdón de forma genuina.

En primer lugar, consideraremos distintos ejemplos bíblicos que nos presentan a personas que pidieron a Dios que les perdonara. En segundo lugar, veremos el impacto tan profundo que el perdón de Dios puede tener en cinco áreas concretas de tu vida. La tercera sección ofrece esperanza cuando te resulta difícil sentir la presencia de Dios o sentir su perdón. Este capítulo será un poderoso avance espiritual en tu vida. Para comenzar vamos a establecer el fundamento bíblico en cuanto a la segunda oración que Dios siempre contesta: *la oración para pedir perdón.*

I. Ejemplos bíblicos de cómo Dios contesta la oración para pedir perdón

La Biblia hace veinticinco veces referencia al perdón de Dios hacia aquellos que lo buscan, tanto en el Antiguo como en el Nuevo Testamento. He hecho una lista con unos cuantos versículos que te ayudarán a ver la forma en la que Dios responde a aquellos que buscan su perdón y la libertad que resulta de este para un corazón arrepentido:

SEÑOR, si realmente cuento con tu favor, ven y quédate entre nosotros. Reconozco que éste es un pueblo terco, pero perdona nuestra iniquidad y nuestro pecado, y adóptanos como tu herencia (Éxodo 34.9).

Por tu gran amor, te suplico que perdones la maldad de este pueblo, tal como lo has venido perdonando desde que salió de Egipto (Números 14.19).

Si mi pueblo, que lleva mi nombre, se humilla y ora, y me busca y abandona su mala conducta, yo lo escucharé desde el cielo, perdonaré su pecado y restauraré su tierra (2 Crónicas 7.14).

Te confesé mi pecado, y no te oculté mi maldad. Me dije: «Voy a confesar mis transgresiones al SEÑOR», y tú perdonaste mi maldad y mi pecado (Salmo 32.5).

Los purificaré de todas las iniquidades que cometieron contra mí; les perdonaré todos los pecados con que se rebelaron contra mí (Jeremías 33.8).

Perdónanos nuestros pecados, porque también nosotros perdonamos a todos los que nos ofenden. Y no nos metas en tentación (Lucas 11.4).

Si confesamos nuestros pecados, Dios, que es fiel y justo, nos los perdonará y nos limpiará de toda maldad (1 Juan 1.9).

Estos versículos nos proporcionan una clara imagen bíblica

de que Dios perdona realmente a aquellos que buscan su perdón de una forma genuina y sincera. Por otra parte, existen tres momentos específicos en los que Él se negó a perdonar. En los ejemplos que doy más abajo, vemos una grave advertencia para aquellos que no tienen remordimientos ni un corazón arrepentido. En este caso, el perdón no solo es impensable, sino que aquellos que practican la maldad no heredarán la vida eterna. En el caso específico de Manasés, el impacto de su corazón impenitente se sintió durante siglos.

Asegúrense de que ningún hombre ni mujer, ni clan ni tribu entre ustedes, aparte hoy su corazón del SEÑOR nuestro Dios para ir a adorar a los dioses de esas naciones. Tengan cuidado de que ninguno de ustedes sea como una raíz venenosa y amarga. Si alguno de ustedes, al oír las palabras de este juramento, se cree bueno y piensa: "Todo me saldrá bien, aunque persista yo en hacer lo que me plazca", provocará la ruina de todos. El SEÑOR no lo perdonará. La ira y el celo de Dios arderán contra ese hombre. Todas las maldiciones escritas en este libro caerán sobre él, y el SEÑOR hará que desaparezca hasta el último de sus descendientes (Deuteronomio 29.18-20).

Entonces Josué les dijo: «Ustedes son incapaces de servir al SEÑOR, porque él es Dios santo y Dios celoso. No les tolerará sus rebeliones y pecados» (Josué 24.19).

De hecho, esto le sucedió a Judá por orden del SEÑOR, para apartar al pueblo de su presencia por los pecados de Manasés y por todo lo que hizo, incluso por haber derramado sangre inocente, con la cual inundó a Jerusalén. Por lo tanto, el SEÑOR no quiso perdonar (2 Reyes 24.3-4).

Merece la pena observar que, en estos tres pasajes, a Dios no le falta el deseo de perdonar. Más bien es la gente la que no expresa contrición alguna. No mostraron ningún remordimiento por sus equivocaciones y no se arrepintieron. Cuando las personas se niegan a apartarse de sus caminos pecaminosos centrados en ellos mismos, Dios retiene su perdón (1 Corintios 6.9; Gálatas 5.21).

En muchos sentidos, los ejemplos mencionados más arriba son similares al pecado imperdonable: la blasfemia contra el Espíritu Santo (Mateo 12.31; Marcos 3.29). La mayoría de eruditos cristianos y católicos concuerdan en que este pecado es el más grave de todas las transgresiones espirituales. Y, aunque Dios no ofrece redención para una ofensa semejante, no existe ningún relato bíblico de alguien que pecara de este modo contra el Señor. La blasfemia implica una irreverencia total y un rechazo completo de Dios y de su autoridad, y sería poco probable que la persona que cometiera el pecado imperdonable buscara su perdón.

Entonces, ¿cuál es el requisito para que Dios conteste nuestra oración para pedir perdón? ¿Debemos ser perfectos antes de pedir a Dios que nos perdone? ¡En absoluto! Si este fuera el caso, nadie lo alcanzaría (Romanos 3.23). El único requisito previo es un corazón genuino y sincero.

Cuando deseas sinceramente estar en paz con Dios y estás dispuesto a ser transparente con respecto a tus deficiencias, Dios extenderá sus brazos amorosos y te abrazará. Así como en el caso del hijo pródigo que volvió a su padre esperando una fuerte reprensión, oirás las palabras: «Este hijo mío estaba perdido, pero ya lo hemos encontrado». Él te otorgará el poder de apartarte de las cosas que te han mantenido en un cautiverio espiritual. Mientras tu corazón sea genuino, puedes estar seguro de que recibirás su perdón. Aún no he encontrado en la

Biblia un lugar en el que se diga que Dios se negara a perdonar a una persona que buscara sinceramente su perdón.

A lo largo de los años, he hablado con decenas de miles de personas. Sus historias son similares en muchas cosas. Muchos sienten que llevan una carga, un gran peso sobre sus hombros. Pero cuando llega el momento de pedir a Dios que los perdone, dicen que es como si les quitaran un inmenso peso de encima. Tienen la sensación de experimentar una purificación espiritual.

¿Sientes que llevas una carga abrumadora? ¿Te has enredado en cosas que han producido patrones de conducta destructiva y pecaminosa? ¿Te sientes limpio cuando te miras al espejo? ¿Te gusta lo que ves? ¿O tienes deudas espirituales? Si quieres experimentar liberad de la pesada carga de la culpa, considera la oración siguiente. He juntado lo que algunos de los grandes personajes de la Biblia dijeron cuando buscaban el perdón de Dios. En cada uno de los casos, Dios respondió de forma positiva. Si haces esta oración con sinceridad, no tengo la menor duda de que Él te perdonará.

La oración para pedir perdón

Señor, no he dado la talla en muchas formas y sé que lo que he hecho está mal. No te ofrezco excusas. En lugar de ello, te presento un corazón que busca tu aceptación y tu amor. Creo que eres un Dios amoroso. Por tanto, te pido que me perdones, Señor, por pecar contra ti y por todas las personas a las que he podido afectar. Ahora, te ruego que me des el poder de cambiar para que pueda caminar en tu libertad. En el nombre de Cristo te lo ruego, amén.

Esta oración para pedir perdón cubre muchas áreas en las que las personas sienten su fracaso espiritual y ético. La oración es general y está hecho para ayudar a que las personas se reconcilien con Dios y tengan una relación con Él. Sin embargo, tengo la convicción de que orar de manera específica es siempre mejor, porque nos permite crecer y ver un progreso en aquellas áreas en las que el pecado nos ha tenido esclavizados.

He perfilado cinco áreas distintas a las que puedes aplicar la oración para pedir perdón con el fin de experimentar un poderoso avance espiritual en las luchas a las que te enfrentes. ¿Por qué tiene tanta importancia? Porque cuando seguimos llevando una carga pesada y no hacemos borrón y cuenta nueva, no podemos pensar con claridad. Cuando carecemos de la fuerza para resistir a la tentación, tenemos más probabilidades de caer en las mismas trampas una y otra vez.

Sin embargo, cuando pedimos a Dios que nos perdone y la pesada carga que hemos llevado cae de repente, ganamos más fuerza para apartarnos de las tentaciones que nos engañaron en un principio. El perdón nos permite empezar un nuevo capítulo y nos da la fuerza para combatir la tentación. Si has luchado contra la promiscuidad sexual, contra no ser un buen padre, contra la falta de respeto hacia tus padres, una conducta inmoral, el materialismo o contra apartarte del Señor, las cinco áreas siguientes te darán la fuerza de vencer las trampas que te mantienen atado.

Merece la pena notar que varias de las áreas mencionadas en este capítulo tienen que ver con nuestras relaciones con las demás personas. Aunque pueda —o no pueda— ser adecuado que te acerques a aquellos a los que has herido, maltrado o con los que has tenido una relación poco apropiada y pidas perdón, este libro se concentra en la oración y no en las relaciones interpersonales. El propósito de las cinco áreas siguientes es ayudarte a dejar las cosas claras entre tú y Dios.

II. Cómo puede darte poder la oración para pedir perdón en cinco áreas en las que la gente suele fallar con más frecuencia

1. Experimentar perdón por la promiscuidad sexual: El séptimo mandamiento (Éxodo 20.14)

Para cuando llegan a la graduación, cerca del cuarenta y cinco por ciento de los estudiantes de la escuela superior han perdido la virginidad.[1] Aunque es cierto que a algunas personas no les importan las implicaciones de sus actividades sexuales, un gran porcentaje siente una firme convicción sobre lo bueno y lo malo, y sienten que a pesar de sus equivocaciones, la intimidad sexual debería reservarse para la relación de marido y mujer.

Los sentimientos de culpa por el sexo prematrimonial, el adulterio y la fornicación pueden persistir durante años. Pero Dios acoge con los brazos abiertos a cualquiera que haya fallado. Si lamentas verdaderamente lo ocurrido, Dios te perdonará.

El rey David fue un hombre según el corazón de Dios. Adoró al Señor como ningún otro líder en el mundo. Dios le dio todo lo que necesitó y mucho más. Dios le habría dado incluso más si él se lo hubiera pedido (2 Samuel 12.8). Desafortunadamente, David tuvo un problema. La belleza de la esposa de su vecino abrumó su buen criterio.

Betsabé estaba casada con un hombre llamado Urías. Una noche, mientras él estaba en la guerra, Betsabé se estaba bañando en su patio. David caminaba por la terraza de su palacio y la vio desde lejos. De modo que envió a buscarla.

Su aventura adúltera fue rápida y, en pocas semanas, ella mandó decir que estaba embarazada. David intentó encubrir su inmoralidad ideando un plan para traer a Urías a casa desde el frente y darle la oportunidad de dormir con su esposa. De esa forma, Urías pensaría que el hijo era suyo. Para gran disgusto de David, Urías se negó, porque sus compañeros seguían peleando en la línea de combate.

En un momento de desesperación, David lo organizó todo para que Urías cayese en la guerra y él tomó a Betsabé y la hizo su esposa. Durante semanas pensó que su secreto estaba a salvo, hasta que, finalmente, el Señor envió al profeta Natán para que le hiciera frente. Este entró en el palacio y dijo: «¿Por qué, entonces, despreciaste la palabra del SEÑOR haciendo lo que me desagrada? ¡Asesinaste a Urías el hitita para apoderarte de su esposa! ¡Lo mataste con la espada de los amonitas!» (2 Samuel 12.9).

La respuesta de David fue contrita y sincera: «¡He pecado contra el SEÑOR!» (12.13). Entonces Natán contestó: «El SEÑOR ha perdonado ya tu pecado, y no morirás. Sin embargo, tu hijo sí morirá» (v. 13). Y eso fue lo que ocurrió en realidad. David se arrepintió y Dios le perdonó. David estaba de nuevo en regla con Dios. Tras la muerte de su hijo, Betsabé dio a David un segundo hijo. Su nombre fue Salomón.

Aunque pudiera parecer doloroso y terrible humillarnos y pedir a Dios que perdone nuestras iniquidades espirituales, Él escucha nuestras oraciones y nos ayuda a comenzar el proceso de recuperar nuestra vida.

Recuerda, el Dios del universo perdonó a David por sus actos despreciables. Si Dios está dispuesto a extender sus brazos de perdón a un *voyeur*, adúltero y asesino, ¿por qué no iba a hacer lo mismo por ti?

Si has fracasado, Dios quiere que sepas que puedes empezar un nuevo capítulo. Puedes experimentar la libertad de la carga de la culpa. Él extiende sus brazos amorosos de perdón por cualquier transgresión sexual que hayas cometido. Hoy puede ser el comienzo de un nuevo capítulo para ti.

Aquí tienes una oración que he resumido y que te resultará muy útil. Si tu pasado ha estado teñido de sexo premarital, adulterio o fornicación, el Señor responderá positivamente a tu petición de perdón y verás que lo único que quiere de ti es un corazón sincero.

Señor, he vuelto a pecar contra ti y contra alguien que es precioso para ti. Tuve poco juicio y, como resultado, he traído vergüenza e incomodidad a otros y a mí mismo. No te ofrezco una excusa. No voy a intentar justificar mis actos. En vez de ello te pido que me perdones y que quites la carga de culpa que llevo sobre mí. Por favor restabléceme y restáurame como hijo de Dios que está en regla contigo. Te ruego que renueves mi mente y que me concedas el poder de enfrentarme a mis tentaciones futuras. En el nombre de Cristo te lo pido, amén.

2. Experimentar el perdón por no haber sido buenos padres, o por no haber respetado a nuestros padres: El quinto mandamiento (Éxodo 20.12; Colosenses 3.21; Efesios 5.22—6.4)

El pecado contra nuestros hijos

¿Has cometido alguna vez un error importante como padre? ¿Te ha llevado tu hijo más allá de los límites de la paciencia y, como resultado, has sido indebidamente duro con él? Quizás perdiste los estribos y fuiste grosero. Cuando los padres reaccionan exageradamente, tarde o temprano se sienten culpables. Dios utiliza esa culpa como señal para ayudarles a evitar su conducta emocional y físicamente destructiva.

Por otra parte, es posible que no tengas mal genio ni seas en absoluto grosero. Quizás eres justamente lo contrario. ¿Podría ser que apenas pases tiempo con tus hijos o que los hayas descuidado emocionalmente? ¿Te resulta difícil escucharles, jugar con ellos o serles de ayuda de una forma que tú sabes que ellos merecen? Del mismo modo que la culpa sirve para evitar que reacciones exageradamente, también funciona para llevarnos más cerca de nuestros hijos.

Si te sientes culpable por las tristes elecciones que has hecho como padre, tu primer paso es ponerte a bien con Dios.

Alguien podría argumentar: «Los padres no deberían buscar el perdón de Dios. Deberían procurar que sus hijos los perdonaran». Aunque creo que los padres deberían buscar el perdón de sus hijos en muchos casos, esto no es así en todas las ocasiones. Hay veces en las que limpiar nuestra propia conciencia solo nos apacigua a nosotros. En lugar de ayudar a los demás, solo saca las heridas del pasado y causa un daño aún mayor en el corazón de aquellos de quien pedimos el perdón. Sin embargo, en todos los casos, cuando pecamos debemos procurar el perdón de Dios. Si no lo hacemos, las consecuencias son graves e impactarán en las generaciones siguientes. La historia de Samuel y Elí son un excelente ejemplo de ello.

Samuel estaba acostado junto a la lámpara. Justo antes de quedarse dormido, oyó que alguien le llamaba por su nombre. Se levantó de un salto y corrió a la habitación contigua donde se encontraba el anciano.

—Aquí estoy. ¿Para qué me llamó usted?

—Yo no te he llamado; vuelve a acostarte —dijo Elí.

Y Samuel volvió a su cama y se acostó. Unos minutos después, volvió a escuchar su nombre. Corrió de nuevo hasta donde estaba Elí, y este le respondió:

—Yo no te he llamado. Vuelve a acostarte.

Una vez más, Samuel volvió a escuchar aquella voz. Esta vez, cuando Samuel fue a la habitación de Elí, el anciano discernió que era el Señor quien estaba hablando al niño. Le dijo:

—Si alguien vuelve a llamarte, dile: "Habla, Señor, que tu siervo escucha".

Así que Samuel hizo que Él le decía.

En pocos minutos el Señor volvió a hablar a Samuel y el niño contestó: «Habla, Señor, que tu siervo escucha». El Señor dijo: «Mira, estoy por hacer en Israel algo que a todo el que lo oiga le quedará retumbando en los oídos. Ese día llevaré a cabo todo lo que he anunciado en contra de Elí y su familia. Ya le dije que por la maldad de sus hijos he condenado a su familia para siempre; él sabía que estaban blasfemando contra Dios y, sin embargo, no los refrenó. Por lo tanto, hago este juramento en contra de su familia: ¡Ningún sacrificio ni ofrenda podrá expiar jamás el pecado de la familia de Elí!».

A la mañana siguiente, Elí preguntó a Samuel si el Señor le había hablado de él, y Samuel dijo:

—Sí, lo hizo.

—¿Qué te dijo?

El niño estaba un tanto renuente de contestar a su mentor. Elí insistió:

—¡Que Dios te castigue sin piedad, si me ocultas una sola palabra de todo lo que te ha dicho!

—Muy bien, maestro —respondió el niño—. El Señor dice así: "Por las maldades que permitiste hacer a tus hijos, tú y tu familia no serán perdonados".

—Él es el Señor; que haga lo que mejor le parezca —fue la respuesta indiferente de Elí.

Era el sumo sacerdote, el hombre más santo de aquel territorio. Había permitido que sus hijos hicieran cosas despreciables, hasta dormir con todas las mujeres que trabajaban a la entrada de la Tienda de Reunión. Por consiguiente, la ira de Dios se inflamó contra él. Fracasó terriblemente como padre y descuidó el criar a sus hijos en los caminos del Señor. Como resultado de su pecaminosa negligencia, las generaciones siguientes pagaron un alto precio.

Si Elí hubiera pedido a Dios que le perdonara y hubiese tomado las medidas necesarias para corregir su conducta negligente, el juicio de Dios podría haber sido evitado. En vez de ello, no tenía el más mínimo interés en hacer las elecciones correctas como padre y mostró desprecio como seguidor de las leyes de Dios. (Historia parafraseada de 1 Samuel 3 NVI). Tal como ilustra la historia de Elí, los padres pueden llegar a ser muy negligentes. La historia siguiente demuestra lo groseros que pueden llegar a ser por cosas muy insignificantes.

A las 2:00 de la madrugada, una fuerte discusión despertó a los seis niños. El padre había llegado a casa bebido por quinta vez aquella semana y la madre intentaba hacer que se callara. Su violento carácter y su gran envergadura eran demasiado para cualquier miembro de la familia. Irrumpió en el garaje, sacó un bate de beisbol y lo levantó por encima de su cabeza. «¡Fuera todo el mundo!», exclamó. Su mujer reunió a los niños y agarró un manta grande y los empujó suavemente para que salieran por la puerta principal.

Los niños y su madre se sentaron en el bordillo bajo la fuerte lluvia hasta el día siguiente. Cuando la familia regresó a la casa a las 8:00 de la mañana, el padre se despertó sin saber lo que había ocurrido la noche anterior. La pesadilla no era una novedad para la familia.

Al día siguiente, el hermano mayor que vivía con su esposa e hijos, descubrió lo sucedido. Se enfrentó a su padre:

—Si no dejas de comportarte de esa manera tan destructiva, perderás a tu esposa, a tus hijos y todo aquello a lo que tu corazón está apegado. ¿Acaso te importa más tu pecado de lo que amas a tu familia?

El padre se derrumbó y lloró.

—No tengo a dónde ir. No hay nadie para ayudarme. ¿Qué puedo hacer?

—Ven conmigo a una reunión en la que puedes encontrar ayuda —replicó el hijo. Aquella semana asistió a su primera tertulia de Alcohólicos Anónimos.

Tras pedir a Dios que le perdonara, se dirigió a su esposa y a sus hijos e hizo lo mismo. Dios tuvo misericordia de él. Han pasado quince años y, en la actualidad, su relación con Dios y con su familia nunca ha sido mejor.

Algunos podrán decir: «Sí, mi esposo puede ser grosero, pero yo no lo soy». En los hogares en los que el esposo es ofensivo y la mujer permanece en silencio (o viceversa), ella está cometiendo el más horrendo acto de violencia. ¿Cómo? En lugar de proteger la vida de sus hijos, su silencio resguarda la conducta pecaminosa de él. Ella ha elegido ponerse de parte de alguien que está haciendo lo malo.

Otros podrían decir: «Yo no maltrato a mis niños ni tampoco les permito hacer nada detestable». La pregunta que yo formularía a esos padres es la siguiente: «¿Pero pasas el tiempo debido con tus hijos? ¿Les escuchas? ¿Los alimentas y los crías como todo padre debería hacer? ¿O quizás los has estado descuidando de alguna manera?». La negligencia de los padres es una de las principales razones por las cuales los jóvenes caen en la delincuencia.[2]

Si eres el tipo de padre que ha cometido graves equivocaciones y llevas una carga de culpa, Dios extiende sus brazos amorosos de perdón hacia ti, siempre que lamentes genuinamente las elecciones que hayas hecho. Cuando tu corazón es sincero, Dios te proporciona una forma de avanzar más allá de tu conducta pecaminosa. Si deseas ponerte a bien con Dios, la oración siguiente te guiará a un lugar de perdón en tu papel de padre:

Señor, siento que no he estado a la altura como padre. Tú me confiaste las preciosas vidas de mis hijos, y en algunas ocasiones no he hecho gala del mejor juicio en su crianza. Perdóname, Señor. Ayúdame a ser un padre mejor. Ayúdame a transmitirles tu amor, tu afecto, tu paciencia, tu fuerza, tu constancia y tu integridad. Ayúdame a hacer borrón y cuenta nueva, para comenzar de nuevo. Quiero ser un buen ejemplo y tener la credibilidad de restaurar mi relación con mis hijos. En el nombre de Cristo, amén.

Pecar contra nuestros padres

Observar cómo abandonan la casa tus hijos puede ser uno de los retos más difíciles en la vida. La otra es ver cómo tus padres se van haciendo mayores. Del mismo modo que deberíamos luchar por ser padres excelentes, es importante que honremos a nuestros padres. La honra no significa que digamos que sí a todas las peticiones. No quiere decir que debamos estar siempre de acuerdo con ellos. No implica que vayamos contra nuestro mejor criterio y obedezcamos sus órdenes. Sencillamente significa que el tono de nuestras palabras y nuestros hechos muestren estima por su posición en nuestra vida, la que Dios les ha dado (Éxodo 20.12).

La mayor parte del tiempo soy un hijo como es debido, pero en lo más profundo de mi ser sé que he fallado muchas veces. Ha habido momentos en los que mi tono no ha reflejado el respeto que mis padres merecían. Como muchos hijos, he tenido una actitud arrogante y engreída que no ha respetado sus deseos ni su aportación. Tristemente, los niños no dejan estas actitudes atrás cuando se convierten en adultos.

Absalón era el hombre más atractivo de todo Israel (2 Samuel 14.25). Como hijo del rey David, podía tener todo lo que quisiera. Lo único de lo que carecía era, lamentablemente, el respeto hacia su padre. Estoy bastante seguro de que algunos eruditos argumentarán que David fue negligente. A pesar de ello, cuando Absalón tuvo sus propios hijos, se obsesionó con asesinar a su padre y subir al trono. La vida de Absalón acabó en tragedia en medio de una batalla. Cuando se quedó enredado en las ramas de una encina, los soldados de David se reunieron alrededor de él y lo mataron. Aunque la vida de David quedó a salvo, se quedó destrozado. Cuando los hijos pierden el respeto por sus padres y los desprecian, el resultado nunca puede ser bueno.

Como ministro, he tenido el honor de aconsejar a miles de personas en los pasados veinte años. Mientras comparten sus luchas personales conmigo, muchas de ellas divulgan cómo se sienten con respecto a sus padres. Es triste ver cuántas personas se identifican, en parte, con el hijo pródigo. Desean poder decir: *¡Dame mi herencia y sal de mi vida!*

El perdón, el respeto y la honra no son emociones. Se muestran a través de acciones basadas en elecciones. Decidimos llevarlas a cabo incluso cuando no nos apetece. Cuando decidimos respetar y honrar a nuestros padres, la puerta se abre para que el perdón de Dios entre en nuestra vida. Quizás hayas quebrantado el quinto mandamiento y no hayas honrado a tus padres. Si sientes algún resentimiento hacia ellos, pero deseas liberar tus amargos sentimientos, Dios quiere que experimentes libertad. La única forma en la que puedes experimentar el perdón es pidiéndoselo. Si solicitas a Dios sinceramente que perdone tus equivocaciones, puedes empezar un nuevo día en tu relación con Dios y con tus padres.

El propósito de esta oración es ayudarte a pedir a Dios que te perdone en lo referente a tu relación con tus padres. Tengo plena confianza en que Dios contestará esta sencilla oración:

Señor, no he honrado a mi padre y a mi madre como debiera. Mi orgullo me ha impedido verles como tú lo haces. No quiero albergar ira, amargura ni resentimiento hacia ellos. Perdóname por no haberlos respetado y ayúdame a honrarles de una manera que te agrade a ti. Guía mis pasos y mi corazón en este proceso. Te lo ruego en el nombre de Cristo, amén.

3. Experimentar el perdón por la conducta poco ética e inmoral: El sexto, octavo y noveno mandamientos (Éxodo 20.13, 15-16)

Cuando yo era niño, mi familia se dejaba caer por la iglesia una o dos veces al año. A pesar de la poca frecuencia de nuestra asistencia, mis padres hicieron mucho hincapié en enseñarme que no era correcto mentir, engañar, robar y cometer asesinato. Mi abuela también reforzaba esta enseñanza los fines de semana. Parece escandaloso que una conducta semejante sea permisible en algunos círculos con tal de que no te pillen. ¿Cuántas celebridades están llenas de remordimiento por su conducta inmoral solo después de que la historia salte en las noticias? ¿Cuántos políticos creen estar exentos de cumplir la ley? ¿Cuántas personas son honradas cuando preparan la declaración de sus impuestos? Hoy día, nuestra sociedad no consigue mantener un nivel moral decente y la gente sigue cometiendo horribles actos contra los extranjeros, sus vecinos, sus amigos y, sí, también contra sus familias.

El padre de la fe judeocristiana cometió un acto semejante. Abraham fue a Egipto con su esposa Sara huyendo de la devastadora hambruna. Cuando llegaron allí, Abraham dijo a Sara: «Yo sé que eres una mujer muy hermosa. Estoy seguro que en cuanto te vean los egipcios, dirán: "Es su esposa"; entonces a mí me matarán, pero a ti te dejarán con vida. Por favor, di que eres mi hermana, para que gracias a ti me vaya bien y me dejen con vida» (Génesis 12.11-13).

Cuando los oficiales de Faraón vieron su belleza, la escoltaron hasta la presencia de su rey. Faraón trató muy bien a Abraham, por causa de Sara, y le dio ovejas, ganado, asnos, camellos, siervos y siervas. Mientras Abraham disfrutaba de los beneficios de fingir ser el hermano de Sara, algo trágico ocurrió. Dios hirió a la familia de Faraón con graves enfermedades porque había tomado a Sara para que fuese su esposa.

Él hizo llamar a Abraham a sus aposentos. «¿Qué me has hecho?, preguntó. ¡Me dijiste que esta mujer era tu hermana y ahora descubro que es tu esposa! ¡Anda, toma a tu esposa y vete!» (Génesis 12.18-19, paráfrasis del autor).

Lo que parecía ser una manipulación inocente de los hechos resultó ser algo que podría haber destruido a toda una nación. Hasta el padre de la fe era capaz de tener una conducta cuestionable. Después de ese tiempo incómodo para Abraham y su esposa, abandonó aquella zona y se dirigió hacia el norte. Allí Dios concedió a Abraham y a Sara un nuevo comienzo y prosperó grandemente a su familia (Génesis 13.2).

Todos, incluido Abraham, necesitan perdón. Cada persona tiene una cuenta que saldar con Dios. Ya sea que mintamos, engañemos, robemos o, como en el caso de Moisés, quitemos la vida a otro hombre, todos necesitamos el perdón de Dios. Nadie es perfecto. Nadie es inherentemente santo. Todos llevamos la semilla de la destrucción (Romanos 3.23).

Quizás me podrías decir: «Yo no miento, no engaño, no robo y no he matado a nadie». Aunque este pudiera ser el caso, quizás albergues odio en tu corazón hacia otras personas. Despreciar a las personas no es sano. No es piadoso. Así como la mentira, el engaño y el robo, debe ser reconciliado.

Si tienes luchas en cuanto a decir la verdad, ser honesto, tomar lo que no te pertenece, o albergas odio en tu corazón, Dios te ofrece esperanza a cambio. Te brinda reconciliación, un principio totalmente nuevo. Si quieres aplicar la oración para pedir perdón específicamente a un área de tu vida en la que hayas fracasado moral o éticamente, considera la oración siguiente como un ejemplo:

> Señor, estoy moralmente en bancarrota y sé que te he fallado. No he sido honesto ni contigo ni conmigo mismo. Pensé que podía engañar a todos. Perdóname por ser engañoso y por comportarme de una forma tan inadecuada. Quiero estar a bien contigo. Quiero reconciliarme contigo. Por favor, ayúdame a vivir una vida llena de santidad e integridad. Pido tu perdón en el nombre de Cristo, amén.

4. Experimentar el perdón por el materialismo: El décimo mandamiento (Éxodo 20.17)

Recientemente, me levanté a las 2:45 de la madrugada y manejé hacia el centro comercial descubierto más cercano. Entre mi casa y mi punto de destino, había otros cuatro coches en la autopista. Me metí en el aparcamiento y descubrí que había noventa personas que habían formado una improvisada fila hasta la entrada.

Para cuando las puertas se abrieron, la fila había crecido a más de dos mil quinientas personas y superaba el largo de cuatro campos de futbol. ¿Por qué? Todos teníamos una cosa en común. Todos íbamos en busca del ultimísimo Smartphone de tecnología avanzada disponible. Sí, debo admitirlo. Estuve en una fila durante nueve horas. Cuando por fin llegué al mostrador, el vendedor me miró con una sonrisa prefabricada y me preguntó:

—Así que está entusiasmado por conseguir su nuevo teléfono, ¿verdad?

—Claro que no. He esperado mi turno en una fila desde las 3:00 de la madrugada. Necesito ir al baño. Estoy hambriento, agotado e irritable, y todo ello ¿para qué? ¡Por un teléfono! Para ser sincero, me siento un tanto avergonzado. Pero, al menos no estoy solo —proseguí con una sonrisa de suficiencia.

¿Por qué había hecho un esfuerzo semejante? Porque *tenía que conseguirlo*. En realidad, el materialismo es el resultado de codiciar cosas.

Es sorprendente lo que la gente llegaría a hacer por un artilugio, el dinero, el poder o una experiencia. Desde la Revolución Industrial, la historia nos ha enseñado que la humanidad se vuelve más materialista con cada década que pasa. La gente está llegando a ser menos importante que las cosas y, cuando esto ocurre, las familias se separan y la depravación humana alcanza un nuevo nivel inferior.

Permítame hacer una importante distinción. Existe una diferencia entre adquirir riqueza por una buena administración y consumir cosas a costa de nuestra relación con Dios, la familia, los vecinos y los amigos. Creo que Dios quiere que vayamos adelante y que caminemos en sus bendiciones, pero no a costa de los demás. Cuando los lugares, las experiencias y las cosas se convierten en algo más importante para nosotros que Dios, estamos en un gran problema. La familia de Lot aprendió esto de la forma más dura.

Cuatro veces argumentó Lot con los ángeles del Señor. Cuatro veces transmitió su renuencia a abandonar Sodoma y

Gomorra. A pesar de la seria advertencia que le hicieron los mensajeros de Dios, Lot y su familia no deseaban dejar su preciosa vida en la perversa ciudad. Cuando los ángeles convencieron finalmente a Lot para animar a todos sus allegados a que huyeran, sus futuros yernos se tomaron la advertencia a broma.

Pronto llamaron a la puerta. Los hombres perversos de la ciudad exigían a Lot que entregara a los dos visitantes para que pudieran tener sexo con ellos. Lot suplicó, pero en vano. Con un movimiento rápido, los ángeles agarraron a Lot por el cuello y lo metieron para dentro. Luego extendieron sus manos e hirieron a los hombres malvados de aquella ciudad con ceguera, de modo que no pudieron encontrar la puerta.

A pesar de todo, Lot seguía indeciso. No quería marcharse. En ese momento los ángeles lo agarraron a él y a su mujer de las manos, así como a sus hijas y los sacaron sanos y salvos de la ciudad. Le dieron tres órdenes concretas: «¡Huyan para salvar su vida! ¡No miren atrás! ¡Y no se detengan en ningún lugar del valle!».

Cuando amanecía, Lot y su familia llegaron a una pequeña ciudad llamada Zoar. Cuando el sol salió sobre la tierra, el Señor hizo llover fuego y azufre del cielo y devoró las ciudades de Sodoma y Gomorra.

¿Qué fue lo que causó la destrucción de aquellas ciudades? ¿La riqueza material, la perversión sexual o el estilo de vida libertino? Nadie lo sabe realmente. Una cosa es cierta. Algo ardía en el corazón de la esposa de Lot. El pensamiento de vivir un simple momento fuera de la ciudad fue demasiado para ella. Cuando la pareja llegó a Zoar, ella se volvió y miró de frente aquello que había codiciado. En aquel mismo instante, se convirtió en una estatua de sal, petrificada de pies a cabeza. (Historia parafraseada de Génesis 19 NVI).

Estoy bastante seguro de que si pudiéramos preguntar a su mujer por qué miró hacia atrás sabiendo todo lo que la ciudad representaba, su respuesta sería sencilla. Contestaría: *Porque tenía que hacerlo.* La gente que codicia pierde el sentido de la autodisciplina. Sus pasiones arden sin control cuando las personas persiguen ardientemente aquellas cosas que no necesitan, o que no deberían tener, se endeudan más, sacrifican las relaciones importantes, se engordan o acaban muriendo. Sodoma y Gomorra fueron el arquetipo de la codicia y la esposa de Lot pagó por ello con su vida.

Jesús entendió los peligros de codiciar. Resumió todo lo que yo quiero decir en Lucas 12.15: «¡Tengan cuidado! Absténganse de toda avaricia; la vida de una persona no depende de la abundancia de sus bienes».

Amigo, ¿te sientes frustrado porque no estás donde te gustaría? ¿Te parece siempre que a los demás les va mejor que a ti? Si estás luchando contra la codicia de las cosas del mundo materialista, Dios abre una puerta de redención para ti. Aunque te apartaras y abrazaras de una forma pecaminosa algo que no deberías tener o que no te perteneciera, Dios te ofrece la mano de perdón. Si lamentas tus equivocaciones, pídele que te ayude a saldar tu cuenta.

Cuando me veo caminando por el sendero de la codicia, hay una persona que siempre está dispuesta a perdonarme y que me concede la fuerza de cambiar el curso. Aquí tienes una oración bíblica que, estoy seguro, te ayudará en este momento:

Señor, algunas veces los deseos de mi corazón me han sacado del camino. He perseguido cosas que sé que no son beneficiosas para mi relación contigo y con los demás, solo porque tenía que hacerlo. Perdóname por codiciar en mi corazón. No quiero ser dirigido por el materialismo.

En vez de ello, quiero que tú me guíes. Te ruego que renueves mi mente y me des un nuevo comienzo este día. En el nombre de Cristo te lo pido, amén.

5. Experimenta el perdón de Dios por haberle vuelto la espalda: El primer, segundo, tercer y cuarto mandamiento (Éxodo 20.1-11)

Las primeras cuatro áreas de perdón que hemos debatido en este capítulo tienen que ver con nuestras interacciones con otra gente. Esta zona se ocupa exclusivamente de nuestra relación con Dios. Los cuatro primeros mandamientos que el Señor nos dio en Éxodo 20 establecen las pautas de nuestra relación con Él. Si violamos estos mandamientos, las repercusiones impactarán negativamente a las generaciones que vengan después de nosotros.

Los primeros cuatro mandamientos declaran en esencia que Dios debería ser la persona más importante de nuestra vida. No debería haber nada que se interpusiera entre nosotros. Cuando buscamos el placer que procede de las adicciones, la adoración de ídolos o cualquier otra conducta habitual que nos arrastra y nos aleja de Él, somos culpables de volverle la espalda al Señor y de quebrantar los cuatro primeros mandamientos. Quizás uno de los ejemplos bíblicos clásicos de alguien que volviera su espalda a Dios sería el que se encuentra en Lucas 15.

El joven se levantó una mañana y se dirigió en busca de su padre. «Papá, creo que es hora de que dividas tus bienes entre mi hermano y yo. ¿Por qué no me das mi herencia ahora para que pueda hacer mi vida?». El padre se sintió desilusionado al oír las palabras de su hijo. No obstante, el joven era suficientemente mayor para tomar sus propias decisiones. Así pues, el padre le concedió su petición, aunque con renuencia.

Poco después, el hijo partió de allí con un nuevo aliciente en su vida. Con una gran riqueza a su disposición, se marchó a un país lejano y comenzó a gastar su herencia en todo lo que se le antojó, sin reparar en gastos. Durante un tiempo, encontró la cura perfecta para el aburrimiento y se olvidó de su vida anterior.

Aunque vivió de su herencia durante un tiempo, finalmente esta se agotó. Con ella se acabaron las fiestas y las aventuras divertidas. Pronto no le quedaba nada. Para empeorarlo todo, la hambruna azotó todo el país sin que hubiera alivio a la vista. No tuvo elección y se buscó un trabajo.

Lo único que encontró fue dar de comer a los cerdos. Afortunadamente, un ciudadano local le pagó para acarrear las algarrobas que se utilizaban para alimentar a los animales. Tuvo hambre y ansiaba poder tomar un puñado de aquel alimento y llenarse el estómago como hacían los cerdos cada día.

Entonces ocurrió algo milagroso. Como nadie le daba nada que comer, recapacitó. Se dijo a sí mismo: *¡Cuántos jornaleros de mi padre tienen comida de sobra, y yo aquí me muero de hambre! Tengo que volver a mi padre y decirle: Papá, he pecado contra el cielo y contra ti. Ya no merezco que se me llame tu hijo; trátame como si fuera uno de tus jornaleros.* Y, de hecho, eso es lo que hizo. En este punto, lo único que tenía era la ropa que llevaba puesta. Ni siquiera sus sandalias estaban en condiciones para llevarle de vuelta a casa.

El viaje era largo, y le proporcionó el tiempo suficiente para ensayar su discurso. Cuando llegó a las afueras de la inmensa propiedad, su padre reconoció su figura desde muy lejos. Lleno de compasión, corrió hasta su hijo, le rodeó con sus brazos y le besó. Este era el momento que había estado preparando durante todo el viaje. «Padre, —dijo—, he pecado contra el cielo y contra ti. Ya no merezco que se me llame tu hijo». Antes de que pudiera decir: «Trátame como si fuera uno de tus jornaleros», su padre le interrumpió.

«Traigan la mejor túnica para mi hijo —dijo a uno de sus siervos—. Pongan sandalias en sus pies y un anillo en su dedo. Traigan el ternero más gordo y mátenlo. Hagamos fiesta y celebremos. Porque este hijo mío estaba muerto, pero ahora ha vuelto a la vida; estaba perdido, pero ya lo hemos encontrado».

Cuando el hermano mayor descubrió que el menor había vuelto, no se alegró. En su opinión, no era justo que se hubiera llevado la mitad de la herencia familiar y que la hubiera dilapidado en fiestas y prostitutas. Ahora tenía el descaro de volver con la esperanza de vivir como lo había hecho antes. El padre tomó al hermano mayor aparte y le dijo: «Hijo mío, tú eres mi primogénito. Todo lo que tengo es tuyo. Pero tu hermano estaba perdido. A todos los efectos, estaba muerto. Sin embargo, hoy hemos descubierto que está vivo. Es tu hermano y es suficiente motivo para celebrar una fiesta».

El momento de la redención del joven no fue cuando su padre le vio de lejos. No ocurrió cuando dijo: «Padre, he pecado contra el cielo y contra ti». Sucedió cuando *recapacitó*, sentado en medio de los cerdos. Fue entonces cuando tomó conciencia de su errada forma de vivir.

La historia anterior, parafraseada de Lucas 15.11-32 (NVI), describe el corazón de Dios hacia aquellos que le vuelven la espalda. Ya sea que rechacen las normas de Dios o que abracen cualquier tipo de ídolo, el Señor siempre los mira con un corazón lleno de compasión. Aunque hayan elegido caminar por el sendero que lleva a la autodestrucción, Dios quiere redimirlos y perdonarlos de todas sus transgresiones.

Podemos detener el patrón de conducta destructiva. No tiene por qué pasar de una generación a la siguiente. ¿Cómo podemos hacerlo? El primer paso para romper este patrón es tomar conciencia de nuestro camino equivocado. La redención empieza cuando recapacitamos. Si quieres reconciliar tu vida con Dios y sientes que le has dado la espalda, considera la oración siguiente como una guía que te ayude a reconectar tu vida a Él:

Señor, ayúdame a recapacitar. Quiero ver mi vida como tú la ves. Algunas veces, el entusiasmo y la euforia que persigo con tanto ahínco ciegan mi capacidad de pensar con claridad. Permito que algunas cosas se interpongan entre tú y yo, y a causa de esto no paso contigo el tiempo que debería. No quiero que entre tú y yo interfieran adicciones o ídolos. Dame la fuerza, el amor y el poder de convertirte en la persona más importante en mi vida. Te lo pido en el nombre de Cristo, amén.

III. Hallar esperanza cuando menos te lo esperas

Mis padres se separaron cuando yo tenía tres años y se divorciaron cuando yo había cumplido los nueve. Mi madre se volvió a casar cuando yo tenía quince años. Mi familia luchó contra la adicción y la discordia. Entre mis tres padres se cuentan nueve divorcios. La primera vez que entré en una iglesia aconfesional, no necesitaba escuchar que era un pecador. Tan pronto como me apeé del auto me sentí como un extraño. Sabía que tenía un problema espiritual y estaba dispuesto a hacer algo al respecto. Necesitaba el poder para romper el patrón de vida pecaminosa.

La familia que me invitó a asistir a la iglesia aquel domingo por la noche, me escoltó alegremente por el vestíbulo y me condujo hacia la parte delantera de la iglesia. De todos los lugares en los que sentarme como invitado por primera vez, la primera fila no era mi elección favorita. Enseguida empezó a sonar la música y ocurrió algo de lo más extraño. Varias personas levantaron la mano. Yo no estaba muy seguro de si lo hacían porque tenían una pregunta o porque intentaban alcanzar a Dios. Pronto descubrí que estaban expresando su adoración al Creador del universo.

El pastor dio comienzo a su mensaje hablando del Dios que ama a las personas y no quiere condenarlas. Una vez más, algunas personas respondieron de una forma que me resultaba totalmente nueva. Casi en el momento oportuno, mostraban su acuerdo verbalizando: «¡Amén!» y «¡Así es!». El pastor compartió una frase que me impactó hasta el día de hoy. Resonó en mi corazón como nada que hubiera podido oír jamás. Dijo: «Cristo murió por los pecados del mundo y tiene poder para transformar cualquier vida». Entonces, hizo la pregunta que cambiaría mi vida: «¿Quieres experimentar esa nueva vida?».

Algo ocurrió aquella noche. No vi fuegos artificiales y, para ser totalmente sincero, no me sentí muy distinto al que era cuando entré en el edificio. Sin embargo, de una cosa estaba seguro: oí aquello que necesitaba escuchar y estaba comenzando el viaje espiritual que Dios quería que empezara. Sabía que me encontraba donde tenía que estar. Encontré la esperanza cuando menos me lo esperaba.

A diferencia de mi experiencia, algunas personas sienten que son *buenos* y, a causa de esto, sostienen la creencia de que Dios no va a ser tan duro con ellos. Sin embargo, existe un problema con esta forma de pensar. Ser *bueno* no es suficiente (Efesios 2.8-9).

Independientemente de los antecedentes familiares, o del concepto que tengamos de nosotros mismos, todos llevamos en nosotros el potencial de quebrantar las leyes de Dios. Todos tenemos una naturaleza pecaminosa y nuestras deudas espirituales deben saldarse. La buena noticia es que cuando abrimos la boca y pronunciamos las palabras: «Señor, lo siento. Por favor, perdóname», ya hemos dado un inmenso paso en nuestro desarrollo espiritual.

La verdadera libertad espiritual puede llegar cuando abrimos nuestro corazón, confesamos nuestros pecados al Señor y le pedimos que nos perdone. En ese momento es cuando tiene lugar la transformación en la vida de aquellos que vienen a Cristo. Cuando vivimos una vida transparente delante del Señor y le pedimos sinceramente que nos perdone, se rompen fortalezas, las cadenas se quiebran y las puertas de la cárcel empiezan a abrirse. Aquellos que han sido cautivos durante años, ven de repente la luz cuando el poder de Dios los libera.

¿Cómo puedo afirmar que Dios siempre contesta la oración para pedir perdón? ¡Porque envió a su Hijo para expiar cualquier pecado jamás cometido! Él sintió que tu alma merecía la pena que enviara a su Hijo a la cruz para que tus deudas espirituales fueran saldadas. «Porque ante todo les transmití a ustedes lo que yo mismo recibí: que Cristo murió por nuestros pecados según las Escrituras» (1 Corintios 15.3). En el momento en que Cristo murió en la cruz, todo pecado se volvió perdonable, siempre que el ofensor se arrepintiera sinceramente. «Porque Cristo murió por los pecados una vez por todas, el justo por los injustos, a fin de llevarlos a ustedes a Dios. Él sufrió la muerte en su cuerpo, pero el Espíritu hizo que volviera a la vida» (1 Pedro 3.18). ¡De modo que, cuando pides a Dios que te perdone, cuenta con que lo hará! *Él es el que te perdona.*

Si revisamos este capítulo, confío en que puedas ver el amor inmortal de Dios por ti a pesar de las equivocaciones que hayas cometido. Este capítulo trata de la redención y el perdón de Dios que cubre muchas áreas en las que tú te has quedado corto. Si eres culpable de promiscuidad sexual, de no haber sido un buen padre, de haber faltado al respeto a otros, de una conducta inmoral, de materialismo o de volver la espalda al Señor, espero que puedas ver que Dios está dispuesto a perdonarte por haber quebrantado sus mandamientos. Él quiere restaurar verdaderamente tu relación con Él. ¿Por qué? Porque te considera la niña de sus ojos (Zacarías 2.8).

Amigo, si te resulta difícil sentir la presencia y el perdón de Dios, sé exactamente cómo te sientes. En medio de tus dudas y de tus desilusiones, podemos prestar oído a nuestros sentimientos o podemos aferrarnos a la verdad de Dios, tal y como se revela en las páginas de este capítulo. Si Dios puede traer redención a mi vida, imagina lo que puede hacer en la tuya. En realidad hoy hay buenas noticias para ti. Tómate tiempo para reflexionar en la oración para pedir perdón y recuerda que el perdón de Dios es el resultado de su amor constante y no de cómo te sientas tú. En los próximos días y semanas, sentirás el poderoso amor de Dios en ti.

Las oraciones para pedir perdón que hemos enumerado en este capítulo pueden resumirse en esta sencilla oración de dos frases: *Señor, perdóname. Límpiame de mis transgresiones y renueva mi vida hoy.*

CAPÍTULO TRES

La oración para pedir liberación

Manuel tenía diecisiete años cuando decidió construirse una vida mejor. Dijo a su madre que se marchaba a México, donde podría ganar el triple del dinero que ganaba en su país natal. Tomó un avión para salir de Centroamérica y aterrizó en Ciudad de México, teniendo siempre en mente que su destino final era Nueva Jersey. Tras un viaje de veintidós horas hasta la frontera, cruzó de forma ilegal a San Diego y fue detenido en Chula Vista, California. Las autoridades lo metieron en un autobús de la prisión que se dirigía a un centro de detención de menores.

La prisión no formó nunca parte de su plan. Estaba asustado. Se sentía solo. Tenía derecho a una llamada de teléfono, de modo que llamó a su tío que residía en la zona de San Diego. Hasta ese día, no se habían visto nunca.

Cuando Manuel entró en su celda, no era en absoluto como esperaba. Su habitación tenía moqueta, televisión por cable, aire acondicionado y solo compartía el baño con otra persona. Podía ver a un médico cuando quisiera. Un capellán celebraba culto una vez a la semana y, durante las comidas, podía repetir. *Esto no está nada mal,* pensó.

Su tío Pedro llegó a la prisión con el papeleo necesario. El guardia llamó a Manuel para que se acercara a la ventanilla donde se encontró con el hombre que había venido a pagar su fianza. Pedro dijo:

—He venido a sacarte de aquí. El papeleo estará preparado hacia el final del día.

—¡No, gracias! —replicó Manuel.

—¿Disculpa? —preguntó Pedro—. ¿Has dicho: "No gracias"?

—Sí. Tengo todas las comodidades aquí, en mi habitación. Tengo aire acondicionado, televisión por cable, moqueta, vista al aeropuerto, tres comidas al día y acceso a un médico veinticuatro horas al día. Vivo mejor aquí de lo que he vivido en mi propio país. He decidido quedarme aquí.

Pedro no podía creer lo que estaban oyendo sus oídos. Tras quince minutos, abandonó el intento y dijo:

—Volveré mañana.

Como Manuel era un menor, él no tenía mucha influencia sobre el sistema legal. Pedro regresó al día siguiente y pidió al guardia que llamara al adolescente. Manuel se sentó frente a la ventanilla y agarró el teléfono. Pedro dijo:

—La libertad que te espera fuera de estas cuatro paredes es mucho mayor que las comodidades que tienes aquí. ¡Por el amor de Dios, mírate! ¡Estás en prisión! Tu ignorancia te llevó a salir de Centroamérica. Tus actos ilegales te trajeron a este lugar. Tu testarudez te mantiene aquí. Más vale que espabiles y aproveches la oportunidad que se te ofrece de experimentar la liberación.

Aunque Manuel estaba un tanto renuente en un principio, finalmente accedió y salió del centro de detención aquel mismo día por la tarde.

Se mudó a Nueva Jersey y, de vez en cuando, enviaba una nota a su madre diciéndole que estaba ganando dinero y viviendo el sueño americano. Pero esto quedaba muy lejos de la verdad. Dos años más tarde estaba siendo investigado por presuntas actividades delictivas y se vio obligado a regresar a su país natal.

Después de volver a Centroamérica, un miembro de su familia le pidió que explicara lo que había estado haciendo durante aquellos veinticuatro meses. «¿No ves un patrón de conducta en todo ello? —preguntó ella—. Has intentado hacer las cosas por tu cuenta y, en lugar de mejorar tu vida, sigues repitiendo las mismas equivocaciones». De repente se dio cuenta de que, aunque vivió como un hombre libre, muy pocas cosas habían cambiado de los dos días que había pasado en el centro de detención. Drogas, bebidas y una vida salvaje habían contribuido a su vida de esclavitud.

Aquella noche, tuvo un potente momento *¡ajá!*. Y decidió volver su vida hacia Aquel que libera a los oprimidos. Reconoció su camino de error y fue a Dios en busca de liberación, y Él contestó su oración.

Diez años más tarde y tras asistir a la escuela de ministerio, Manuel y su esposa viajaron por todo Centroamérica con nuestro equipo misionero, compartiendo con otros acerca del poder de Dios que libera a los cautivos. Hoy pastorea una iglesia de quinientas almas y viaja frecuentemente por todo el mundo sin incidentes.

Manuel es un excelente ejemplo de alguien que, con la ayuda de Dios, consiguió escapar al ciclo vicioso que le mantenía atado. Su historia ilustra que Dios puede transformar a cualquiera. Puede romper cualquier ciclo. Tú, amigo mío, no eres ninguna excepción de esa verdad. Dios puede ayudar para que te liberes de las cosas que te han retenido durante años. Dios puede darte la liberación que tú buscas.

He descubierto que la gente es, de alguna manera, muy

parecida a Manuel y no quiere salir de la celda de su prisión. Se apegan a su cárcel. Aman sus vicios, sus adicciones, su confusión, su conflicto y su existencia depresiva. Cuando se les invita a que dejen atrás su encarcelamiento emocional y espiritual, su reacción inicial es: «¡No, gracias! Me gustan las cuatro paredes de mi confinamiento. Las esposas me sientan bien. Tengo todo lo que necesito». Hasta que no vislumbran la verdadera libertad que solo Dios ofrece no son capaces de darse cuenta de que han comprado una mentira.

Este capítulo te ayudará a acceder al poder de Dios que liberta, libra y libera al cautivo. A medida que vayas elevando las oraciones de este capítulo, las cadenas de tu vida empezarán a romperse. Lo he dividido en tres secciones. En primer lugar, estableceremos un fundamento bíblico de la oración para pedir liberación, considerando los distintos versículos donde las personas extendieron sus manos hacia Dios y experimentaron su poder libertador. La segunda sección muestra cómo aplicar la oración para pedir liberación a las cuatro áreas en las que las personas luchan más. Finalmente, la tercera sección ofrece esperanza y te inspirará para que te pongas en pie y camines por la puerta hacia la libertad que Dios te ofrece. Ahora, centremos nuestra atención en establecer un fundamento bíblico para la tercera oración que Dios siempre contesta: *la oración para pedir liberación.*

I. Los ejemplos bíblicos de que Dios contesta la oración para pedir liberación

La Biblia se refiere veinticinco veces, tanto en el Antiguo como en el Nuevo Testamento, al poder de Dios que libera a aquellos que se lo piden. Los siguientes versículos ilustran la forma en que Dios nos capacita para vivir vidas de libertad cuando clamamos en el nombre del Señor.

Ahora, pues, Señor y Dios nuestro, por favor, sálvanos de su mano, para que todos los reinos de la tierra sepan que solo tú, Señor, eres Dios (2 Reyes 19.19).

Levántate, Señor! ¡Ponme a salvo, Dios mío! ¡Rómpeles la quijada a mis enemigos! ¡Rómpeles los dientes a los malvados! (Salmo 3.7).

Busqué al Señor y él me respondió; me libró de todos mis temores (Salmo 34.3).

Me has librado de todas mis angustias, y mis ojos han visto la derrota de mis enemigos (Salmo 54.7).

Tú, oh Dios, me has librado de tropiezos, me has librado de la muerte, para que siempre, en tu presencia, camine en la luz de la vida (Salmo 56.13).

Líbrame de mis enemigos, oh Dios; protégeme de los que me atacan. Líbrame de los malhechores; sálvame de los asesinos (Salmo 59.1-2).

Líbrame, Dios mío, de manos de los impíos, del poder de los malvados y violentos (Salmo 71.4).

Oh Dios y salvador nuestro, por la gloria de tu nombre, ayúdanos; por tu nombre, líbranos y perdona nuestros pecados (Salmo 79.9).

Y no nos dejes caer en tentación, sino líbranos del maligno (Mateo 6.13).

Él nos libró y nos librará de tal peligro de muerte. En él tenemos puesta nuestra esperanza, y él seguirá librándonos (2 Corintios 1.10).

Estos versículos demuestran claramente los sentimientos de las personas que, al tener la espalda contra la pared, pudieron clamar al Señor sabiendo que Él los libraría. Cuando me preparaba para escribir este libro, investigué tanto el Antiguo como el Nuevo Testamento. No encontré ni un solo versículo que describiera una escena en la que Dios se negara a ayudar a aquellos que clamaron a su nombre pidiendo liberación.

¿Qué significa esto para nosotros? Quiere decir que podemos contar con este maravilloso principio bíblico: Dios libera al oprimido y liberta al cautivo. Él derrumbará las fortalezas del maligno que intenta oprimirnos. Nos ayudará a vencer nuestros vicios, adicciones, temores y ansiedades. Nos ayudará a vencer el poder del pecado que nos atrae para que comprometamos lo que sabemos que es correcto y piadoso.

¿Te sientes atascado, atado o luchando en medio de una difícil batalla contra abrumadoras tentaciones? ¿Estás peleando contra un vicio complicado, como gastar de forma compulsiva, drogadicción, pornografía o alcoholismo? Quizás tu adicción al azúcar ha hecho que comas en un círculo vicioso. Cualquiera que sea la oposición emocional o espiritual, la siguiente oración es una forma bíblica de pedir a Dios que inicie la libertad en tu vida. Te aliento a que hagas esta oración —o una a la que pongas tus propias palabras— al menos una vez al día. Estoy convencido que experimentarás un avance significativo. Asegúrate de anotar la respuesta de Dios cuando te conteste.

La oración para pedir liberación

Señor, estoy rodeado por un enemigo que procura devorarme. Quiero hacer lo correcto, pero cuando lo intento acabo haciendo lo mismo que pretendo evitar. Necesito tu fuerza, tu poder, tu mano poderosa para liberarme. Rompe las cadenas que el enemigo ha colocado en mi vida. Libérame de todo lo que me enreda y todo lo que intenta destruirme. Muéstrame tu puerta hacia la libertad y dame la fuerza de atravesarla. Lléname de tu paz en medio de mi ansiedad. Líbrame en este día. Te lo pido en el nombre de Cristo, amén.

Esta oración puede beneficiar grandemente tu vida personal o puede tratar las cuestiones más amplias a las que se enfrenta tu familia. De ambas maneras, Dios responde a la petición de aquellos que buscan su ayuda. Aunque esta oración pida ayuda a Dios de una forma general, es posible que necesites su ayuda en un área específica. Si es así, he hecho un bosquejo de cinco maneras distintas en las que puedes aplicar la oración para pedir liberación, incluso con respecto a la opresión diabólica, los vicios y las adicciones, temor y ansiedad, y del poder del pecado; dinero, poder y fama. He adaptado la oración para pedir liberación para tocar aquellas áreas específicas.

Las páginas siguientes te darán algunas perspectivas poderosas de cómo experimentar la libertad a través de la oración. Al centrarnos en las cinco áreas que impactan más a las personas, lo único que necesitamos para experimentar el poder de Dios es el deseo de ser liberados y un corazón sincero.

II. Cómo puede ayudarte la oración para pedir liberación a la hora de experimentar el poder en cinco áreas cruciales de tu vida

1. Experimentar la liberación de la opresión diabólica

A lo largo de los siglos, Satanás ha logrado convencer a diferentes civilizaciones de que no existe. Esto está siendo verdad sobre todo en la cultura occidental. Lamentablemente, el maligno existe y nuestro enemigo tiene una misión. Ha impartido esa misión a las fuerzas diabólicas que obran con él. Juntos procuran traer devastación a todo lo que Dios estima valioso, hermoso y digno. Tú y yo nos encontramos en el centro de la batalla que se está llevando a cabo entre el reino de Dios y el de las tinieblas (1 Juan 3.8). No somos heridos de guerra, ni nos vemos atrapados en un fuego cruzado. En vez de ello, somos los premios y los que determinan cuál de los dos lados gana (2 Corintios 10.4-5). Para Dios eres su hijo querido y amado con el que quiere pasar la eternidad. Para Satanás, representas un mero trofeo de caza que quiere colgar sobre la repisa de la chimenea. El apóstol Pedro describe bien a nuestro adversario: «Practiquen el dominio propio y manténganse alerta. Su enemigo el diablo ronda como león rugiente, buscando a quién devorar» (1 Pedro 5.8).

Satanás tienta y oprime a todo el mundo, creyentes y no creyentes del mismo modo. Llega a la puerta de nuestro corazón y llama buscando hacer una incursión. Santiago entendió la importancia de resistir a la tentación: «Así que sométanse a Dios. Resistan al diablo, y él huirá de ustedes» (Santiago 4.7). También nos da una seria advertencia acerca de las consecuencias que acarrea el abrir la puerta a la tentación: «Cada uno es tentado cuando sus propios malos deseos lo arrastran y seducen. Luego, cuando el deseo ha concebido, engendra el pecado; y el pecado, una vez que ha sido consumado, da a luz la muerte» (Santiago 1.14-15).

Cuando la gente se abandona a la tentación y sigue garantizando el acceso al enemigo dentro de su corazón, él establece su fortaleza. En ese momento, él los puede atormentar y manipular desde un lugar seguro y lo hace cuando él quiere. Esta es una razón por la cual a las personas les resulta difícil romper su adicción a sustancias que alteran el ánimo, a las experiencias sexuales ilícitas y a ciertos tipos de conducta poco éticos (mentiras compulsivas, corrupción y robo). En esencia, la gente da permiso al enemigo para que opere libremente en un área de su vida. Además, aquellos que están llenos de rabia, guardan rencor o perdonan difícilmente a los demás también pueden ser atormentados. Esto es lo que Pablo escribió: « Si se enojan, no pequen. No dejen que el sol se ponga estando aún enojados, ni den cabida al diablo» (Efesios 4.26).

Hace unos cuantos años, recorrimos Centroamérica realizando campañas que abarcaban ciudades completas, con dos carpas enormes. Una de ellas tenía una capacidad para cinco mil personas sentadas. A la otra, que utilizamos como centro de asesoramiento y liberación espiritual, llegaban cientos de personas que hablaban cada noche con los consejeros. Resultaba sorprendente ver a tanta gente corriente, de clase media, que se enfrentaban a cuestiones espirituales que, en mi mente, no existían más que en el Nuevo Testamento. Ayudamos a esas personas que sufrían una angustia increíble y hasta a los que eran atormentados o incluso poseídos por demonios. Algunos de ellos incluso asistían de vez en cuando a cultos religiosos y otros nunca irían a una iglesia local.

Una noche, un hombre estacionó su vehículo en el sucio terreno adyacente a nuestras carpas. Parecía cansado y fatigado, y tenía varias heridas en la cara. Durante la música no mostró emoción alguna. Durante el mensaje su rostro era inexpresivo. Hacia el final del llamamiento en el altar, hice el anuncio siguiente: «Si te sientes atrapado como si algo te estuviera reteniendo, tenemos consejeros que están dispuestos a hablar contigo». Unas ciento veinte personas se pusieron en pie, incluido aquel joven, y siguieron a un acomodador que los escoltó desde la carpa grande a la otra.

Cuando el joven atravesó la puerta, el nivel de su ansiedad aumentó de manera significativa. Al sentarse frente al ministro laico, se retorció en el asiento. El consejero se inclinó ligeramente hacia delante y preguntó:

—Hola, amigo. ¿Cómo se llama?

—Jeremiah —respondió estrujándose las manos.

—Muy bien, Jeremiah, mi nombre es Robert. ¿Cómo puedo ayudarle esta noche?

—Se trata de esas voces —dijo—. Todas las noches me dicen que la única forma de experimentar la paz es de acabar con todo.

—¿Quiere decir «matarse»? —terció Robert. Jeremiah hizo una pausa.

—Sí. Quiero que todo esto se aleje de mí. ¡Solo quiero que acabe esta locura! —respondió. Luego comenzó a arañarse profundamente la cara con las uñas hasta que empezó a sangrar.

Robert lo miró con compasión.

—Oh, no haga eso —le indicó. Agarró pañuelos de papel y los humedeció en una taza de agua. Inclinándose, puso su brazo alrededor de los hombros de Jeremiah y usó la otra mano para limpiar la sangre de su rostro. Luego, empezó a orar suavemente.

Pasados unos minutos, Robert dijo:

—En primer lugar, Jeremiah, este es un lugar seguro. Nadie puede hacerle daño aquí. En segundo lugar, el Dios del universo quiere ayudarle a acabar con su tormento. Él quiere ayudarle a liberarse.

—¿Por qué está siendo tan amable conmigo? —le preguntó Jeremiah—. Ni siquiera me conoce.

—Usted no está aquí por casualidad. Dios le ama y le considera su hijo. ¿Quién soy yo para tratarle de otro modo? —replicó Robert.

Jeremiah comenzó a sentirse algo más cómodo. Explicó que su padre había sido un maltratador. Su madre guardaba silencio y se mantenía al margen, negándose a intervenir. Su pasado estaba lleno de dolor y de sueños rotos. Había esperado que cuando viviera por su cuenta todo cambiaría. Lamentablemente, el tiempo no lo curaba todo.

Robert abrió su Biblia y empezó a compartir algunas cosas críticas que Jeremías necesitaba oír. «La misión de Cristo —explicó— es liberar a los cautivos». Luego leyó Hechos 10.38: «Me refiero a Jesús de Nazaret: cómo lo ungió Dios con el Espíritu Santo y con poder, y cómo anduvo haciendo el bien y sanando a todos los que estaban oprimidos por el diablo, porque Dios estaba con él». Cerró la Biblia y miró a Jeremiah a los ojos diciéndole: «El Señor te liberará, si tú lo deseas».

Con los ojos llenos de lágrimas, Jeremiah respondió: «Sí. Eso es lo que deseo por encima de todo». Aquella noche, Jeremiah descubrió la importancia de recuperar su voluntad de vivir. Cuando vi su transformación a lo largo del tiempo que estuvieron hablando, leyendo y orando, recordé una historia similar que se encuentra en el Evangelio de Marcos.

El misterioso personaje tenía una fuerza sobrenatural que dominaba a cualquiera que intentara doblegarle. Los habitantes de la ciudad estaban aterrorizados. Intentaron atarle de pies y manos con hierros, pero rompía las cadenas como si fueran de plástico. Deambulaba noche y día entre las tumbas de la ladera de la colina, y se cortaba con piedras. De hecho, las fuerzas diabólicas querían quitarle la vida. Quizás fuera esa la razón por la cual le llevaron al cementerio.

Un día, Jesús llegó en barco hasta la orilla. Cuando el hombre le vio desde lejos, corrió y cayó a sus pies. Sabiendo lo que le impulsa, Jesús alzó la voz y dijo: «¡Sal de él!». El hombre le respondió gritando: «¿Por qué te entrometes, Jesús, Hijo del Dios Altísimo? ¡Te ruego por Dios que no me atormentes!». Era una situación totalmente distinta a todas las que Jesús había visto hasta entonces en sus años de ministerio.

Jesús le preguntó: ¿Cómo te llamas? La voz exclamó: «Me llamo Legión, porque somos muchos». No estaba poseído por un demonio; ni siquiera por diez. Más de dos mil demonios le torturaban. Pero el Señor descubrió la rendija de su armadura. Su mayor temor era ser lanzados al abismo. Así que le imploraron que les permitiese dejar su posición de dominio en el alma del hombre para pasar a una manada de dos mil cerdos que pastaban por allí. Jesús les concedió su petición. Tan pronto como la legión de demonios entró en los cerdos, la manada se precipitó por un terraplén y se ahogó en el lago. Pocas dudas quedaban acerca de su diabólica intención. En todo momento habían estado planeando matar al hombre.

Los que guardaban a los cerdos hicieron correr la voz de lo sucedido por toda la región. Cuando vinieron y vieron al hombre vestido y en su sano juicio, en lugar de alegrarse tuvieron miedo. (Historia parafraseada de Marcos 5 NVI).

En estas dos historias, la de Jeremiah y la del endemoniado, destacan varias cosas. En primer lugar, nadie está demasiado perdido. Hay esperanza para todos, independientemente de lo desesperada que pueda ser la circunstancia. En segundo lugar, a pesar de lo terrible que llegue a ser la situación, siempre se puede mantener una pequeña porción de su voluntad y reclamar el resto cuando elijan hacerlo. El hombre que estaba poseído por la legión de demonios retuvo el suficiente juicio como para reconocer, nada más verla, cuál era su única solución. Luego, corrió sin detenerse hasta llegar adonde él estaba. En tercer lugar, todas las fuerzas demoníacas obedecen las órdenes de Cristo. Mientras nuestro corazón esté verdaderamente alineado con el de Dios, podemos vivir con la seguridad de que vivimos bajo la protección del Señor y Amo de toda la creación, porque «Él nos libró del dominio de la oscuridad y nos trasladó al reino de su amado Hijo» (Colosenses 1.13). La llave de nuestra libertad no solo está en las manos de Dios. Compartimos la responsabilidad con Él. Debemos dar el primer paso volviéndonos hacia Dios por medio de la oración y resistiendo al diablo. Es necesario que utilicemos la autoridad que Dios nos ha dado para permanecer firmes.

Es posible que no sientas que tu vida está en la misma condición que la de esas dos personas que acabo de mencionar, y yo espero que así sea. Sin embargo, a pesar de tus circunstancias, Cristo tiene el poder de liberarte. Lo único que necesitas es sentido común para reconocer que Él es tu solución.

Si te sientes atormentado por fuerzas diabólicas, si no puedes encontrar la paz; si algo está intentando robar tu voluntad de vivir; si existe una fatalidad inminente que revolotea constantemente por tu cabeza; si no te has dado cuenta y has abierto demasiadas veces la puerta al enemigo, quiero que te tomes unos momentos para meditar en el versículo de las Escrituras que te doy a continuación. La oración que encontrarás después del versículo es muy similar a la que Jeremiah, y miles de personas más, elevaron al experimentar el paso que habían dado en nuestra campaña.

Sin embargo, en todo esto somos más que vencedores por medio de aquel que nos amó. Pues estoy convencido de que ni la muerte ni la vida, ni los ángeles ni los demonios, ni lo presente ni lo por venir, ni los poderes, ni lo alto ni lo profundo, ni cosa alguna en toda la creación, podrá apartarnos del amor que Dios nos ha manifestado en Cristo Jesús nuestro Señor (Romanos 8.37-39).

Señor, me siento oprimido y rodeado de fuerzas diabólicas. Clamo a tu nombre, porque creo que tú responderás a mi petición. Límpiame de todo pecado y crea un corazón limpio dentro de mí. Te pido que silencies la voz del enemigo para que yo pueda escuchar tu voz y seguir tu clara dirección hacia la libertad. Resisto los ataques que vienen contra mí y digo: «¡Vete!» a las fuerzas destructivas que intenten llevar a cabo mi muerte. Me opongo a sus pensamientos destructivos y reclamo mi voluntad para vivir la vida que Cristo ha decidido que yo viva.

Señor, abro mi corazón y recibo tu poder, tu fuerza, tu sanidad y tu paz en este momento. Libérame en este día de la mano del enemigo. En el nombre de Cristo, amén.

2. Experimenta la liberación de vicios y adicciones

Hace algunos años, cuando vivíamos en Costa Rica, encendí un día el televisor. Billy Graham estaba en pie sobre una tarima en medio de un gran estadio y dijo: «Es posible que seas adicto a las drogas o al alcohol, pero puedes ser liberado por el poder de Dios». El evangelista tenía razón. No existe fortaleza, vicio, adicción o patrón de conducta pecaminoso que Dios no pueda romper. Potencialmente, nadie está exento de experimentar un poderoso avance. Me gustaría compartir uno en particular a modo de ejemplo potente.

Deborah era la niñita de papá, pero cuando él tuvo una aventura amorosa y decidió abandonar a su familia, fue devastador. Tenía dieciséis años. El divorcio fue complicado y, como resultado, ella y su madre tuvieron que vender la casa. La ira y la amargura se instalaron en ella durante años.

Después de intentar conseguir su título universitario, finalmente abandonó. Parecía que por cada paso que daba hacia delante, enseguida venía uno hacia atrás. A principios de la veintena, se convirtió en bebedora social y disfrutaba de la vida nocturna en los clubs locales. El valor que le daba el alcohol le servía para vencer su timidez y para ser más extrovertida. Sin embargo, cuando cumplió los treinta, empezó a retraerse de sus amigos.

Dejó de ir a los clubs nocturnos; la soledad y la depresión se apoderaron de ella. Con el fin de silenciar las voces de ansiedad, dolor y frustración que la atormentaban, se refugió en su antigua compañera que nunca la había abandonado. Empezó a beber con mayor frecuencia.

Durante más de una década su vicio creció y, con él, sus frecuentes depresiones. Muchas noches lloraba hasta que conciliaba el sueño, pidiendo a Dios que acabara con su vida. Afortunadamente, Él se negó a contestar su oración. A principios del 2009 llegó al límite. Cayó sobre sus rodillas, clamó a Dios y le pidió que tomara control de su vida. Aquella noche de invierno lo cambió todo.

No ocurrió en un solo día ni en seis meses. Sin embargo, al final Dios rompió las cadenas del alcohol que paralizaban su vida. Aunque conocía a Cristo y descubrió el propósito de Dios para vivir, seguía luchando contra la adicción. La mañana siguiente a su cuarenta y cuatro cumpleaños, miró al techo de la habitación del hospital en la que estaba acostada, con los ojos llenos de lágrimas. El exceso de alcohol de la noche anterior había sido demasiado para que su cuerpo pudiera tolerarlo. Ya no podía ignorar la tranquila vocecilla de Dios que la alentaba a dejar la botella. De la misma manera que había clamado a Dios el año anterior, cuando se enfrentaba a las diabólicas voces del suicidio, le pidió que la ayudara a quebrar las cadenas de la adicción.

Aquella mañana Dios comenzó algo maravilloso en Débora. Es un milagro que se sigue desarrollando hasta hoy. Desde ese momento no ha vuelto a probar una gota de alcohol.

En realidad, Dios abre puertas para todo aquel que quiere ser libre. Él libera al oprimido y rompe las cadenas de aquellos que están esclavizados. No hay adicción demasiado grande. No hay vicio demasiado poderoso. No existe un patrón de conducta pecaminosa que sea demasiado abrumador. No existe fortaleza que pueda resistirse al poder de Dios. Jesús proclamó este mensaje de esperanza: «El Espíritu del Señor está sobre mí, por cuanto me ha ungido para anunciar buenas nuevas a los pobres. Me ha enviado a proclamar libertad a los cautivos y dar vista a los ciegos, a poner en libertad a los oprimidos, a pregonar el año del favor del Señor» (Lucas 4.18-19).

Si estás luchando contra un vicio, un desorden alimenticio, una conducta compulsiva, una adicción o un patrón de conducta pecaminoso que no has podido vencer, Dios te ofrece su poder para cambiar. Él comprende tus desilusiones, tus frustraciones y tu dolor. A lo largo del Nuevo Testamento se reconoce a Cristo inequívocamente como el libertador que vino a liberar a los cautivos. La oración siguiente puede ayudarte durante tu lucha por encontrar la libertad que deseas:

Señor, recibo tu poder para vencer los vicios y las adicciones que me han mantenido atado. Lléname con tu fuerza y dame tu disciplina para seguir lo que es sabio, saludable y bueno. Perdóname por permitir que mi corazón se apegara a estos patrones tan destructivos. Te ruego que rompas las cadenas con las que el enemigo me ha atado y concédeme la libertad que solo tú puedes dar. Te lo pido en el nombre de Cristo, amén.

3. Experimentar la liberación del temor, de la inquietud y de la ansiedad

No me he encontrado jamás con alguien que no deseara tener paz. Estoy bastante seguro de que, cuando te acuestas por la noche y reposas la cabeza sobre la almohada, anhelas dejar atrás el ajetreo y las frustraciones del día. A pesar de todo, cuando cesa todo el ruido y el resto del mundo se detiene, puede resultarte complicado ralentizar tu mente. Quizás sea difícil dejar a un lado la ansiedad y la preocupación a las que te enfrentas. Durante un tiempo de gran preocupación, no es otra copa lo que necesitas. No tienes necesidad de un escape. Lo que realmente necesitas es la paz de Dios.

Lo opuesto al temor y a la ansiedad es la paz de Dios. Al igual que su amor, esta es mayor que cualquier cosa que podamos abarcar. Pablo lo resumió cuando dijo: «No se inquieten por nada; más bien, en toda ocasión, con oración y ruego, presenten sus peticiones a Dios y denle gracias. Y la paz de Dios, que sobrepasa todo entendimiento, cuidará sus corazones y sus pensamientos en Cristo Jesús» (Filipenses 4.6-7).

Por otra parte, Satanás sabe perfectamente qué es lo que las personas quieren, pero no puede ofrecerles la paz genuina. En vez de ella solo puede presentar imitaciones baratas. Esta es la razón por la cual la gente se vuelve hacia las sustancias que alteran el ánimo como el alcohol o las drogas. Sin embargo, las experiencias de este tipo no son más que una versión inferior y menos eficaz de la paz de Dios.

Paz en medio de una tormenta violenta

Imagina que te encuentras en un vuelo de un extremo al otro del país. De repente, el avión atraviesa un área de turbulencia moderada. El piloto hace el correspondiente anuncio y dice que los asistentes de vuelo permanecerán sentados hasta que el tiempo se aclare. Sin embargo, en pocos minutos, las bolsas de turbulencia se vuelven más violentas mientras el 737 sube y baja a capricho de la tormenta que lo rodea. Los pasajeros estrujan los apoyabrazos de sus asientos, cierran los ojos y aprietan los dientes. Hasta los asistentes de vuelo están visiblemente preocupados por su seguridad. En lo profundo de ti mismo te preguntas si la integridad estructural de la nave no estará en tela de juicio. Sin aviso previo y de repente se abre la puerta de la cabina y el piloto sale corriendo gritando: «¡Nos caemos! ¡Estamos cayendo del cielo!». Yo no estoy muy seguro de cómo me sentiría, pero a Jesús le ocurrió algo parecido una tarde.

Estaba cruzando el lago con sus discípulos, después de un largo día. Estaba exhausto de modo que, al alejarse de la orilla, se dirigió a la parte trasera del barco y se echó sobre un cojín. Pocos minutos después se quedó dormido. De repente, se desató una fuerte tormenta y el barco empezó a zozobrar. Los discípulos eran pescadores experimentados y habían navegado en medio de muchas tormentas difíciles, pero en esta tempestad había algo distinto. Las olas se estrellaban contra la proa y llenaban el barco hasta el punto de hundirlo. Sintieron pánico.

Corrieron a la parte trasera del barco y le despertaron. «¡Señor, Señor, nos vamos a ahogar!». Él abrió los ojos sobresaltado, miró alrededor y rápidamente se puso en pie. Mirando hacia la parte delantera del barco, reprendió al viento y a las aguas embravecidas. El viento cesó inmediatamente y el lago se tranquilizó. En segundos, todo estaba en calma.

Cerró los ojos brevemente, expulsó aire por la nariz y se volvió hacia sus discípulos. «¿Dónde está vuestra fe?», les preguntó. Ellos no supieron qué responder. Estaban llenos de otro tipo de temor: el temor de Dios. Susurraron entre sí: ¿Quién es este hombre? ¡Hasta el viento y las olas le obedecen! (Historia parafraseada de Marcos 4.35-41 NVI).

Jesús se había quedado dormido porque estaba cansado y porque sabía que llegaría al otro lado. Su paz le permitió descansar, aun sabiendo que se dirigía a una tormenta. En muchas formas, somos como los discípulos. Nuestra fe en Dios debería darnos la seguridad de saber que llegaremos al otro lado. Lamentablemente, permitimos que nuestras circunstancias intimidantes decidan si descansamos o nos preocupamos, si tenemos paz o ansiedad.

Durante mucho tiempo y desde que era niño, siempre fui inquieto e impaciente. Aunque mi madre me permitía tocar la batería, jugar al beisbol, a hockey y abrirme camino en la escuela superior, yo seguía teniendo toneladas de energía. Mi madre siempre podía decir lo nervioso que estaba en un momento dado, dependiendo de lo cortas que tuviera las uñas.

En el 2005, mi esposa, mis hijas y yo nos encontrábamos a dos meses de mudarnos de Centroamérica para volver a los Estados Unidos. Estábamos preocupados por la logística de la mudanza. Nos inquietaba la presión financiera. Nos preocupaba cómo se adaptarían nuestras hijas a la nueva escuela en un país que había cambiado tan dramáticamente desde los ataques del 11 de septiembre. Finalmente llegué a la conclusión de que necesitaba que Dios me liberara de las preocupaciones que yo permitía que se arremolinaran alrededor de mi corazón.

Durante un mes me senté en el sofá cuando tenía mi devocional y utilizaba el Salmo 23 como oración. Cada día cambiaba las palabras del salmo para aplicarlas a las áreas de mi vida personal y a las cuestiones a las que me enfrentaba. Pasada una semana, noté que mi cabeza estaba clara. Ya no me sentía nervioso. A las dos semanas, observé otra cosa. Por primera vez en treinta y ocho años, tenía uñas. Me había pasado dos semanas sin morderme las uñas. Durante los últimos seis años había utilizado un cortaúñas. Dios me ayudó a vencer mi ansiedad y mi temor generalizados. Él llenó el lugar que una vez ocuparon mis inquietudes con su paz.

Ahora más que nunca, la gente necesita la paz de Dios. La madre necesita la paz de Dios para el bienestar de sus hijos. El propietario de una casa necesita la paz de Dios con respecto a su inversión inmobiliaria. La mujer anciana necesita la paz de Dios en lo que respecta a su salud. El estudiante necesita la paz de Dios para su carrera futura. El hombre de negocios necesita la paz de Dios para su economía.

Si te ves acosado por la inquietud, el temor y la angustia, «confía en el Señor de todo corazón, y no en tu propia inteligencia» (Proverbios 3.5). Si te sientes abrumado por lo que acecha a la vuelta de la esquina y está decidido a destruirte, recuerda: «El Señor mismo marchará al frente de ti y estará contigo; nunca te dejará ni te abandonará. No temas ni te desanimes» (Deuteronomio 31.8). Si estás preocupado por tu bienestar económico, tu salud, tu carrera o tu futuro, recuerda que Cristo dijo: «Aun los cabellos de su cabeza están contados. No tengan miedo; ustedes valen más que muchos gorriones» (Lucas 12.7). Cuando la voz intimidante de la opresión te amenace, mantente firme y eleva la oración para pedir libertad. Verás la mano de Dios moverse en tu vida.

La siguiente oración te puede ayudar a acercarte más al Señor en momentos de temor y ansiedad. Abre tu corazón y pide a Dios que te llene de su paz.

Señor, te pido que reprendas la tormenta que está azotando mi vida. Líbrame de la mano del enemigo que procura llenarme de temor. No quiero sentirme abrumado por la ansiedad. Quiero experimentar tu presencia, tu fuerza y tu poder. Te abro mi corazón y recibo tu paz que supera todo temor y preocupación. Resisto a la ansiedad que el enemigo utiliza para intimidarme y proclamo que todos los aspectos de mi vida están en las manos de Dios. Te lo pido en el nombre de Cristo, amén.

4. Experimenta la liberación del poder del pecado

El pecado nos separa de Dios y nos impide tener una vida bendecida. Si no accedemos al poder de Dios, el pecado puede romper nuestras vidas en pedazos, destruir nuestras familias y hacer algo incluso peor. Puede cambiar nuestro destino final y determinar dónde pasaremos la eternidad. Alguna gente podría decir: «Si Cristo nos ha perdonado, somos limpios a los ojos de Dios». Esto es verdad. Sin embargo, existe una diferencia significativa entre alguien que ha sido *perdonado* y alguien que es *verdaderamente libre*. Podemos ser perdonados de una vida de pecado y seguir necesitando el poder de Dios para liberarnos del poder del pecado.

Nunca olvidaré la conversación que mantuve con el pastor de una iglesia en Latinoamérica. Faltaban dos días para el principio de la campaña municipal en el estadio de béisbol. El pastor dijo:

—Jason, estamos contentos de tenerte aquí, y creemos que Dios hará cosas poderosas en nuestra ciudad. Sin embargo, me preocupa el término "liberación".

—¿Qué es lo que te inquieta? —le pregunté.

—Creo que cuando la gente cree que Cristo es el Salvador,

Él los perdona de su pecado. Por consiguiente, no necesitas seguir hablando de libertad o liberación, porque cuando creemos en Cristo somos restaurados.

Yo conocía su corazón y quería tratarle con el máximo respeto, especialmente delante de sus colegas.

—Entiendo tu convicción. Créeme que la comprendo. Pero, dime, ¿has disciplinado alguna vez a un miembro del consejo por acostarse con cualquiera, o por hacer correr rumores a tus espaldas? ¿Has sorprendido alguna vez a un ujier intentando robar dinero de la ofrenda? ¿Has tratado alguna vez con un líder del grupo de jóvenes que estuviera viendo porno en la computadora de la iglesia? ¿Cuántos miembros de tu iglesia siguen luchando contra el poder del pecado?

Su silencio lo decía todo. La liberación del poder del pecado implica que Jesús no solo es nuestro Salvador, sino también el Señor de nuestra vida.

Desearía que no fuera verdad, pero el sesenta y dos por ciento de la gente que viene al centro de asesoramiento de nuestra campaña con ataduras espirituales y emocionales tiene algún tipo de afiliación con una iglesia local. Los cristianos necesitan el poder de Dios de igual manera que los que no lo son, para ser liberados del poder del pecado.

5. Experimenta la liberación del dinero, del poder y de la fama

El hombre firmó los papeles y recogió el pago de la venta de su terreno. Sin vacilar, se encaminó directamente al Pórtico de Salomón. Cuando sus amigos le vieron, lo recibieron con los brazos abiertos. En el extremo más alejado de la sala de reunión estaban sentados varios de los apóstoles.

—Entra, Bernabé —dijo Pedro.

—He vendido un terreno y este es todo el dinero de la venta de la propiedad —Bernabé se inclinó delante de Pedro y dejó el dinero a sus pies—. Esto es para la obra del Señor.

El grupo de creyentes apreciaron su gesto y le bendijeron por su contribución. Pero, en su interior, Ananías y su esposa Safira se sintieron celosos de la atención recibida por Bernabé por parte de los líderes de la iglesia.

Ananías salió y vendió un trozo de tierra y, a sabiendas de su esposa, se quedó con una parte de lo recaudado. El dinero les pertenecía y ellos podían hacer con él lo que gustasen. Estaban en su derecho. Luego, llevaron el resto a Pedro.

—Hemos vendido un trozo de tierra y este es el dinero de la venta de la propiedad.

Durante un momento, Pedro no dijo nada, le miró a los ojos y por fin habló:

—Ananías, ¿cómo es posible que Satanás haya llenado tu corazón para que le mintieras al Espíritu Santo y te quedaras con parte del dinero que recibiste por el terreno? ¿Acaso no era tuyo antes de venderlo? Y una vez vendido, ¿no estaba el dinero en tu poder? ¿Cómo se te ocurrió hacer esto? ¡No has mentido a los hombres, sino a Dios!

La razón de vender la propiedad no fue bendecir a la iglesia. Tanto él como su esposa lo hicieron para ganar una reputación de mayor generosidad de la que merecían.[1] Del mismo modo que Acán murió por haberse quedado con una porción del botín, así también Ananías fue culpable del mismo pecado. Al oír las palabras de Pedro, cayó muerto a los pies del apóstol.

Sin titubeo, unos cuantos hombres de los más jóvenes envolvieron su cuerpo y lo enterraron. El temor de Dios se apoderó de los miembros de la comunidad que oyeron acerca de la tragedia. Tres horas más tarde, su esposa vino donde estaban reunidos los apóstoles, sin saber lo que había ocurrido con su marido. Pedro podría haber mencionado la muerte de su esposo, pero no lo hizo. Tuvo bastante tiempo para reflexionar sobre lo ocurrido unas horas antes. De modo que le preguntó a ella sobre la venta de la propiedad.

—Dime, ¿vendieron Ananías y tú el terreno por este precio? —preguntó Pedro.

—Sí —respondió ella—. Ese es el precio.

—¿Por qué se pusieron de acuerdo para poner a prueba al Espíritu del Señor? —le dijo Pedro—. ¡Mira! Los que sepultaron a tu esposo acaban de regresar y ahora te llevarán a ti.

Aquella pareja hizo algo que estaba mal. Era pecado y ellos lo sabían muy bien. Su naturaleza intentó comprar influencia entre los creyentes pero, en lugar de esto, el poder del pecado acabaría matándolos. Al oír las palabras de Pedro, Safira cayó muerta. (Historia parafraseada de Hechos 4.34—5.10 NVI).

Engañar a los hombres es una cosa, pero intentar mentir al Espíritu de Dios es algo totalmente diferente. Solo el poder del pecado puede llevarlos a traspasar una línea tan fina y engatusarlos para mentir a Dios. Irónicamente, perdieron la vida por algo serio, pero de poca importancia. La pareja falló a la hora de acceder al poder de Dios que podría haberlos liberado de aquello que los mantenía atados. Como ocurre con otros muchos, fue el amor al dinero, la sed de poder y el deseo de notoriedad lo que les condujo a su perdición.

¿En qué maneras estás traspasando la fina línea? ¿De qué forma te mantiene atado el poder del pecado? ¿Cómo llega a convencerte de que puedes engañar a los demás e incluso a Dios? ¿Eres culpable de algo que sabes que no es correcto? Si el poder del pecado te está haciendo pagar su cuota y parece que no puedes conseguir la victoria, el Señor te liberará de su garra opresora. Cuando no puedas ver la luz al final del túnel, clama a Dios. Su gracia y su fuerza serán más que suficientes para ayudarte a romper el dominio del pecado sobre tu vida.

A causa del poder de Dios ya no tenemos por qué ser cautivos del poder del pecado (1 Juan 5.18; Romanos 6.6). Si quieres ser libre, eleva la siguiente oración con sinceridad. Asegúrate de que no haya nada insincero en tu corazón y la mano de Dios se moverá poderosamente en tu vida.

> Señor, no quiero ser esclavo del poder del pecado. No quiero que exista ningún patrón de conducta pecaminoso en mi vida. Quiero que me liberes. Rompe todo patrón pecaminoso de conducta y libérame del dominio del pecado sobre mi vida. Dame la capacidad de reconocer cualquier motivo impuro y la fuerza de hacer lo que es correcto a tus ojos. Abro mi corazón y recibo tu poder que transforma la vida. Te lo pido en el nombre de Cristo, amén.

III. Descubre el poder en tu tiempo de necesidad

Eres un candidato para la transformación

Recientemente hablé en una prisión. Tras concluir mi mensaje, un joven hispano se acercó a la verja metálica que nos separaba. Iba vestido con el uniforme naranja y una cicatriz atravesaba su frente. Con lágrimas corriendo por su rostro, dijo:

—He cometido tantas equivocaciones. Solo tengo dieciocho años, pero esta es la segunda vez que me arrestan por consumo de drogas. ¿Cree usted que hay esperanza de que yo cambie? ¿Cree usted que Cristo me puede liberar?

—Sin la menor duda —respondí—. Sé que el Señor es la solución que usted necesita hoy.

—Soy una decepción tan grande para mi madre —prosiguió—. Ella me ama y ora por mí. ¿Y qué puedo decir? Aquí estoy —me explicó y, a continuación, empezó a sollozar.

—Dios es todopoderoso y su especialidad es restaurar las vidas —le consolé—. Usted, amigo mío, no es una excepción. Tendrá que hacer algunas elecciones difíciles, pero si es sincero Dios le sacará de esta tormenta.

Luego elevamos una oración similar a la que resumo más abajo.

Algunos meses más tarde se puso en contacto conmigo un capellán. Me dijo: «Jason, he recibido noticias de uno de los internos con los que oraste al final de tu exposición. Me dijo que Dios le ha ayudado a vencer su adicción. Desde que salió de la prisión ha estado limpio y sobrio, y se siente muy agradecido por todo lo que el Señor ha hecho en su vida».

No hay vicio, adicción, patrón de conducta destructiva u oposición espiritual que sea demasiado difícil para Dios. Todo el mundo es un candidato a la transformación.

El tiempo es irrelevante

Algunos piensan que cuanto más tiempo esté enferma una persona, más se convierte la condición en parte de su identidad. Muchos sienten lo mismo con respecto a la opresión espiritual, las adicciones y la conducta disfuncional: cuando se convierte en parte de la identidad de la persona es muy difícil de romper. Sencillamente, esto no es verdad. A la luz de lo que el poder de Dios puede hacer cuando oramos, cualquiera puede experimentar la salida de Dios. ¿Por qué? Porque para Dios el tiempo es irrelevante.

Cuando Cristo preguntó a sus discípulos: «¿Qué están discutiendo con ellos?», un hombre habló y dijo: «Señor, te he traído a mi hijo, pues está poseído por un espíritu que le ha quitado el habla. Cada vez que se apodera de él, lo derriba. Echa espumarajos, cruje los dientes y se queda rígido. Les pedí a tus discípulos que expulsaran al espíritu, pero no lo lograron».

Tras expresar su frustración con sus seguidores, Jesús hizo traer al muchacho. Tan pronto como vio a Jesús, el espíritu echó al muchacho al suelo con violencia y empezó a convulsionar. Echando espumarajos por la boca, se revolcaba sin control.

Jesús se volvió y preguntó al padre del muchacho: «¿Cuánto tiempo hace que le pasa esto?». Él respondió: «Desde que era niño. Un espíritu se apodera de él y muchas veces lo echa al fuego y al agua para matarlo. Por favor, si puedes hacer algo, te suplico que nos ayudes».

«¿Cómo que si puedo? ¿Qué tipo de pregunta es esa? Para el que cree todo es posible», respondió Jesús. El padre del muchacho exclamó: «Quiero creer. De verdad que lo deseo. ¡Pero te ruego que me ayudes a vencer mi incredulidad!».

Jesús se volvió hacia el muchacho y reprendió el espíritu maligno. «Espíritu sordo y mudo —dijo—, te mando que salgas y que jamás vuelvas a entrar en él». El espíritu sacudió al muchacho con violencia y dio un alarido. Luego, de repente, salió de él, y el niño quedó en el suelo completamente inmóvil. Algunos se preguntaban si el espíritu le habría matado, pero Jesús se inclinó, lo tomó de la mano y lo levantó, poniéndose él en pie. El muchacho miró a su alrededor y, para sorpresa de todos, recobró el juicio.

Los discípulos llevaron a su Señor aparte y le preguntaron: «¿Por qué nosotros no pudimos expulsarlo?». Él respondió: «Esta clase de demonios solo puede ser expulsada por medio de oración» (Historia parafraseada de Marcos 9.16-29 NVI).

Los años habían pasado factura emocional al padre del

muchacho. Era obvio que el espíritu maligno se había convertido en parte de su identidad. Hasta los discípulos parecían estar algo perplejos. Pero la cantidad de tiempo que el joven había pasado a merced del demonio no afectó al poder de Dios. No importa si has estado luchando durante un día o veinticuatro años contra algo, recuerda: el tiempo es irrelevante para Dios. Solo es importante para ti.

Cómo liberarse de las trampas de la vida

Hace unos cuantos meses oí cómo correteaban pequeñas criaturas por mi desván. La molestia empezó a las 3:00 de la madrugada y duró un par de horas. Tras la segunda noche, llamé a la compañía administradora de nuestra comunidad de propietarios y expliqué que Ratatouille se había mudado a mi casa y que había abierto un club nocturno "after-hours".

Aquella tarde se presentó el exterminador. El joven experto sonrió cuando abrí la puerta y dijo:

—He oído que tiene problemas de ratas.

—En efecto, los tengo —respondí.

—Echemos un vistazo a su desván —replicó.

A primera vista no le pareció que hubiera gran circulación de ratas por allí.

—Puedo dejar unas cuantas trampas por aquí y volver dentro de una semana a comprobar.

—Eso estaría bien —contesté.

Colocamos cuatro ratoneras industriales y cerramos la puerta del desván.

Efectivamente, a las 3:00 de la madrugada oí movimiento justo encima de mi cabeza. Parecía que la rata se abría camino a mordiscos a través del techo. Afortunadamente eso no sucedió, pero sí pude escuchar un fuerte sonido, como un *zamp* en la misma zona en la que habíamos colocado una de las trampas, justo por encima de la puerta del desván.

Luego, nada. Solo el silencio.

Aleluya —pensé—. *Mi pesadilla ha acabado, por fin, y puedo volver a dormir.*

Cinco minutos después, oí un molesto ruido que venía de la misma zona. Era como si Ratatouille hubiera encontrado un bate de beisbol y hubiera empezado a aporrear el contrachapado como si fuera un cavernícola. Me levanté, me metí en el closet y permanecí en pie bajo la puerta del desván. Cerré la puerta del armario sin hacer ruido y tiré lentamente de la escalera para bajarla. Subí por ella de puntillas y empujé muy despacio la puerta del desván en un intento de hacer retroceder a la rata. Tan pronto como toqué la puerta, *¡bam!* La rata lanzó contra la puerta lo que tuviera entre las patas. *¡Olvídalo!* —me dije a mí mismo—. *Debo de pesar unos 90 kilos y mido aproximadamente 1'85 m, pero creo que sería prudente esperar hasta que el exterminador regrese mañana.*

Durante las tres horas siguientes la rata no dejó dormir a nadie. A las 8:00 de la mañana llamé de nuevo a los exterminadores y les dije que enviaran al empleado más valiente que tuvieran. Treinta minutos después sonaba el timbre de la puerta. Cuando abrí la puerta me encontré con la misma sonrisa.

—He oído que han vuelto —me dijo.

—Sí, así es —respondí. Expliqué todo lo ocurrido la noche anterior.

—Me ocuparé de ello.

—No sé. Si la rata tuviera una pistola, estoy seguro de que la utilizaría.

—En serio, no se preocupe —me tranquilizó, muy seguro de sí mismo.

Colocó la escalera debajo de la puerta del ático, subió los peldaños y empujó. *¡Bam!* La rata respondió con la misma fuerza que antes.

—¡AAAAHHH! —El exterminador, un hombre alto de unos 110 kilos, gritó como una niña de ocho años.

Yo sonreí y dije:

—Se lo advertí.

—No sé muy bien lo que hacer —respondió con la voz temblorosa.

—Seguro que sí lo sabe. ¡Por esa razón le estamos pagando un buen dinero! —le contesté. Entre los dos pesábamos más de doscientos kilos y medíamos más de tres metros sesenta. A pesar de todo, una criatura que pesaba menos de medio kilo nos tenía secuestrados.

Tras tomarse treinta segundos para recobrar la compostura, reunió el valor para intentarlo de nuevo. Levantó la puerta del desván haciendo ángulo con el fin de hacer resbalar a la rata y apartarla de la abertura. La rata prosiguió con su ruidosa protesta. El exterminador mantuvo la puerta recta, impidiendo que la rata saltara hacia abajo y cayera en el clóset. Encendió la luz, hizo una breve pausa de un segundo y dijo:

—No he vista nada igual en toda mi vida.

—¿De qué se trata? —pregunté.

—Tiene que subir aquí y verlo.

—Hmm, no creo que sea una buena idea —contesté.

—No, de verdad, no hay peligro —me tranquilizó.

Empecé a subir la escalera y entré en el desván. Lentamente eché un vistazo por encima de la puerta del desván que me servía de único escudo protector. Allí estaba la rata. Había caído en la trampa, pero por alguna razón, no se le había partido el cuello. Por ello, caminaba de un lado a otro, con la trampa a cuestas y golpeándola contra todo lo que encontraba intentando liberarse de ella. No estaba sufriendo dolor, pero estaba como loca. Afortunadamente para nosotros, no podía ir corriendo a ningún sitio.

Aquella mañana, una poderosa aunque imperfecta analogía espiritual me vino a la mente. Como la rata atrapada en la trampa, mucha gente se ve en la ratonera del vicio, la adicción o un patrón de conducta destructivo. La tentación del queso los engaña y, antes de que se den cuenta, han perdido su libertad. Son cautivos. Lamentablemente, se pasan la vida llevando el peso de sus trampas, sacudiéndolas a su alrededor en un intento por liberarse, pero acaban empeorándolo todo en el proceso.

Si has intentado liberarte de lo que te mantiene esclavo, pero tus esfuerzos han fracasado una y otra vez, clama al Señor. Él oirá tu oración y te libertará del dominio del mal. En tu hora más oscura, cuando nadie parezca entenderte y mucho menos interesarse por ti, Dios sí lo hace. Él ve tu corazón, entiende tu lucha y está dispuesto a hacer lo necesario para escoltarte a una vida de libertad.

Finalmente, me gustaría destacar algo que Jesús compartió con sus discípulos. Cuando les enseñó a orar, les dio el Padrenuestro como modelo para comunicarse con Dios. Sintió que debía constituir una parte importante de sus vidas de oración, porque tenía una profunda relevancia espiritual para todo ser humano. Cristo sabía que cuando sus seguidores expresaran estas palabras con sinceridad, el Padre contestaría. La porción final de esta oración trata el concepto de la liberación y el vencer a las fuerzas de las tinieblas.

Dice así: «Y no nos dejes caer en tentación, sino líbranos del maligno» (Mateo 6.13). Cristo sabe que la perfecta voluntad de Dios es capacitarnos para que venzamos la tentación y librarnos del maligno. ¿Para qué daría instrucciones a sus discípulos de orar de este modo si no fuera la voluntad de Dios, o si no tuviera intención de contestar la oración? Siempre podemos contar con que Dios nos sacará de la tentación y nos librará del maligno.

¿Qué me da la autoridad de decir que Dios siempre contesta la oración para pedir liberación? La declaración de Cristo que encontramos en Lucas 4.18-19 y Hechos 10-38 afirma con toda claridad que Él vino a liberar a los cautivos. Su propósito era salvarnos, redimirnos y liberar a todos los que estuvieran en necesidad. Hoy, todo ser humano que respira es un candidato a recibir este maravilloso don. Tú, amigo mío, no eres una excepción. Así que cuando pides al Señor que te dé liberación, ¡puedes esperar que conteste esa oración! *Él es tu libertador.*

Al reflexionar sobre este capítulo, espero que te convenzas de que Dios te ama y que te va a ayudar a vencer la opresión espiritual que te retiene. Independientemente de los vicios, las ansiedades u obstáculos que hayan plagado tu vida, el Señor completará la obra que comenzó en ti (Filipenses 1.6).

Si has sentido que por cada paso que has dado adelante, has dado otro hacia atrás, sé lo frustrante que esto puede llegar a ser. Soy consciente de lo agotador que resulta emocionalmente cuando no puedes encontrar la paz, cuando sientes ansiedad por tu vida o cuando ignoras lo que te trae el mañana. Durante esos momentos, intenta acordarte de depositar «toda tu ansiedad sobre él porque él tiene cuidado de ti» (1 Pedro 5.7). Permite que el Príncipe de Paz aparte las tormentas de tu vida y calme las ansiedades de tu corazón. Tengo plena confianza en que Él contestará tu oración para pedir liberación.

Todas las oraciones para pedir liberación que se enumeran en este capítulo se pueden resumir con esta sencilla plegaria: *Señor, libérame, y rompe las cadenas de mi vida.*

CAPÍTULO CUATRO

La oración para pedir provisión

—George, no estoy seguro de cómo decir esto, pero creo que nuestra carrera misionera está acabada —dije con dificultad.

—¿Qué quieres decir con «acabada»? —preguntó mi amigo, que antes fue mi pastor.

—No veo ningún camino alrededor de esta montaña — suspiré. No podía creer que después de haber vencido tantos obstáculos, ahora nuestra única elección fuese regresar a casa. Me sentía destrozado. Cuando me preguntó cómo habíamos llegado a tomar esa decisión, me resultó difícil articular las palabras.

Tres años antes yo vendía papel para una de las empresas de *Fortune 500*. Cindee era ejecutiva adjunta en una compañía de fusiones y adquisiciones. Sentimos el llamado para dejar nuestros trabajos en los que teníamos un salario decente y convertirnos en misioneros en Latinoamérica. De modo que pedimos una solicitud a la oficina central de nuestra denominación. Se resistían a enviárnosla, porque debíamos miles de dólares en préstamos escolares. Cuando llamé a George Wood, el superintendente adjunto de nuestro distrito en ese momento, me dijo: «Jason, déjame ver lo que puedo hacer». Quince minutos más tarde me volvió a llamar: «Te enviarán hoy la solicitud». No tengo ni idea de lo que les había dicho, pero el que hubiera sido nuestro pastor debió de ayudar de una manera muy significativa.

Durante el año y medio siguiente Cindee y yo trabajamos muy duro, vivimos en una caravana y liquidamos todo lo que debíamos, a excepción de 2.500 dólares en créditos escolares. Hicimos un gran progreso.

Finalmente llegó el día. Cindee y yo asistimos a nuestra última entrevista, un año después de haber rellenado la solicitud. Al otro lado de la mesa se encontraban los directores regionales de cada uno de los continentes del globo. El director ejecutivo se inclinó hacia atrás en su silla y dijo:

—Jason, espero que entiendas que convertirse en misionero no es simplemente un cambio profesional. Nosotros continuamos una obra que comenzó hace dos mil años. Como misioneros, lo que hacemos y lo que somos está directamente relacionado con la iglesia del libro de los Hechos. Así que, antes de que puedas pensar que esto no supone más que un agradable cambio del mundo empresarial estadounidense, espero que comprendas la seriedad y las profundas consecuencias de esta decisión.

—Haré todo lo que esté en mi mano para alcanzar personas para Cristo —fue todo lo que dije. No pretendía que mi respuesta fuera elocuente.

Después de nuestras entrevistas, empezamos a recaudar fondos para nuestro presupuesto durante la recesión económica a principios de los noventa. Cuando llegamos a Costa Rica, emprendí la porción más difícil de todo el proceso: la escuela de idiomas. Pasé todo un año estudiando vocabulario, fonética, gramática y conversación básica. Por alguna razón, tuvimos que vencer varias tragedias aquel año, incluida la muerte de mi padrastro, el ataque al corazón de mi padre, y un serio accidente de tráfico. Acabar los estudios en la escuela de idiomas significaba que *lo había conseguido*. Después de tres años de duro trabajo, una transición difícil y una preparación extenuante, estábamos preparados para empezar nuestro ministerio en el extranjero.

Ese fue el momento en el que todo se detuvo en seco.

Cindee había crecido hablando español, por ser hija de misioneros en Latinoamérica. Ella no necesitó asistir a la escuela de idiomas. A pesar de todo, nuestro primer año en Costa Rica supuso un gran reto para ella. Tuvo que luchar contra la depresión. Teníamos un bebé de dieciocho meses y otro en camino. Muchas noches, lloraba hasta quedarse dormida. Otras veces, simplemente se echaba sobre el suelo del baño durante horas.

Llamamos a uno de los asesores de misioneros en los Estados Unidos. Después de hablar con Cindee durante cinco minutos, me dijo: «Sugiero que traiga usted a su esposa a nuestro centro de asesoramiento. Está sufriendo una depresión moderada y necesita ayuda. Estoy seguro de que encontrarse en su séptimo mes de embarazo tampoco la está ayudando demasiado».

Una semana después nos dirigimos a Emerge Ministries en Akron, Ohio, donde mi esposa se estuvo reuniendo con un consejero durante siete semanas.

Una noche, cuando nuestra hija estaba dormida, pedí a Cindee que se sentara a la mesa de la cocina en nuestro apartamento alquilado. Podía percibir que ella tenía sentimientos conflictivos en cuanto a regresar a Costa Rica. Estaba intentando con todas sus fuerzas que todas las cosas salieran bien y eso era lo único que importaba. Tomé su mano en la mía, miré fijamente sus hermosos ojos marrones y dije: «Si tenemos que volver a mudarnos a California, eso será lo que haremos. Si tengo que volver a vender papel, lo haré. Podemos servir al Señor en cualquier lugar. Solo quiero que sepas que tú eres más importante para mí que volver a Costa Rica».

No estoy seguro de qué fue exactamente lo que esto provocó dentro de ella, pero en cuestión de días sintió la convicción de que merecía la pena volver a intentarlo. Me dijo: «Estoy preparada para volver al país en el cual creemos que el Señor quiere que trabajemos».

Quedaba un obstáculo final que yo me había sentido renuente a abordar. Como misioneros en formación, nuestro salario era la mitad del que cobraban los misioneros ya establecidos. Nuestra remuneración se había establecido para vivir en Centroamérica y no para vivir en la carretera en Estados Unidos. El resultado fue que acumulamos una nueva deuda en los tres meses que vivimos en Akron, además de volar a casa para el funeral de mi padrastro.

No había forma de sobrevivir con nuestro salario de 8.000 dólares al año y cumplir con nuestros pagos mensuales mínimos. Tras sentarnos y confeccionar un nuevo presupuesto, supe que nos faltaban 5.000 dólares. Cuando solté el lápiz, me eché hacia atrás en mi silla con incredulidad. *Todo se va a acabar por culpa de cinco mil dólares*, pensé.

Esta vez no podía arreglármelas para salir de aquel desastre.

Durante el tiempo que pasamos en Emerge Ministries, estuve en contacto con George. Como había sido él quien, en un principio, convenció a nuestra denominación para que nos enviaran la solicitud misionera, sentí que necesitaba llamarle para ponerle al corriente de las últimas novedades.

—Hola, Jason. ¿Cómo se siente Cindee? —preguntó.

—Cindee está muy bien —respondí—. Gracias por ser tan buen amigo para nosotros. Escucha, George, te he llamado porque, bueno, no estoy muy seguro de cómo decirte esto, pero creo que nuestra carrera misionera ha acabado.

—¿Qué quieres decir por «acabado»?

—No veo ninguna salida —contesté.

Me escuchó atentamente mientras yo resumía la historia. Entonces dijo:

—Ha surgido algo. Déjame que te vuelva a llamar en cinco minutos.

En su puesto había muchas demandas, así que yo sabía que él tenía otras cuestiones urgentes. Pasaron quince minutos cuando el teléfono volvió a sonar. Me dijo:

—Jason, tengo un cheque en la mano y lleva tu nombre. Es por 5.000 dólares. ¿Te ayudará?

Al parecer, alguien de nuestro distrito había tenido la previsión unos años antes de establecer un fondo de emergencia para misioneros y la cantidad que había en la cuenta era exactamente la que necesitábamos. Tras el nacimiento de nuestra segunda hija, Chanel, volvimos a Costa Rica y, dieciocho meses más tarde, empezamos con el ministerio de campaña internacional que sigue hasta el día de hoy. Dios nos proveyó exactamente lo que necesitábamos. Al mirar atrás puedo ver su mano de provisión a cada paso del camino.

Quizás hayas llegado a un punto en el que necesitas la provisión de Dios. Llevas demasiado peso sobre tus hombros. Aunque parezca que no se abre ninguna puerta, estoy convencido de que el Señor proveerá respuestas. Él suplirá tus necesidades. Te dará los recursos y abrirá las puertas correctas. Este capítulo te proporcionará unos principios bíblicos sanos junto con testimonios de la vida real que demuestran que Dios provee para aquellos que le buscan.

En primer lugar, consideraremos distintas referencias bíblicas en las que vemos a gente que buscó la intervención y la ayuda de Dios. En segundo lugar, examinaremos cuatro áreas distintas en las que las personas necesitan más la provisión de Dios. En tercer lugar, la sección final ofrece esperanza cuando te encuentras en necesidad y tus circunstancias se tornan difíciles de tratar. Este capítulo te alentará y edificará tu fe en tiempos de adversidad. Para empezar, establezcamos un fundamento bíblico con respecto a la cuarta oración que Dios siempre contesta: *la oración para pedir provisión*.

I. Ejemplos bíblicos de cómo Dios contesta la oración para pedir provisión

La Biblia se refiere docenas de veces, tanto en el Antiguo como en el Nuevo Testamento, a la provisión de Dios para aquellos que la busquen. He hecho una lista con unos cuantos versículos que te ayuden a ver la forma en la que Dios responde a aquellos que confían en Él:

Entonces Jacob se puso a orar: «Señor, Dios de mi abuelo Abraham y de mi padre Isaac, que me dijiste que regresara a mi tierra y a mis familiares, y que me harías prosperar: realmente yo, tu siervo, no soy digno de la bondad y fidelidad con que me has privilegiado. Cuando crucé este río Jordán, no tenía más que mi bastón; pero ahora he llegado a formar dos campamentos» (Génesis 32.9-10).

Pongan en práctica mis estatutos y observen mis preceptos, y habitarán seguros en la tierra. La tierra dará su fruto, y comerán hasta saciarse, y allí vivirán seguros. Si acaso se preguntan: «¿Qué comeremos en el séptimo año, si no plantamos ni cosechamos nuestros productos?», déjenme decirles que en el sexto año les enviaré una bendición tan grande que la tierra producirá como para tres años» (Levítico 25.18-21).

Todo lo que emprendió para el servicio del templo de Dios, lo hizo de todo corazón, de acuerdo con la ley y el mandamiento de buscar a Dios, y tuvo éxito (2 Crónicas 31.21).

Tú no los abandonaste en el desierto, porque eres muy compasivo. Jamás se apartó de ellos la columna de nube que los guiaba de día por el camino; ni dejó de alumbrarlos la columna de fuego que de noche les mostraba por dónde ir. Con tu buen Espíritu les diste entendimiento. No les quitaste tu maná de la boca; les diste agua para calmar su sed. Cuarenta años los sustentaste en el desierto. ¡Nada les faltó! No se desgastaron sus vestidos ni se les hincharon los pies (Nehemías 9.19-21).

Porque yo sé muy bien los planes que tengo para ustedes —afirma el SEÑOR—, planes de bienestar y no de calamidad, a fin de darles un futuro y una esperanza (Jeremías 29.11).

Danos hoy nuestro pan cotidiano» (Mateo 6.11).

Así que yo les digo: Pidan, y se les dará; busquen, y encontrarán; llamen, y se les abrirá la puerta (Lucas 11.9).

Cualquier cosa que ustedes pidan en mi nombre, yo la haré; así será glorificado el Padre en el Hijo. Lo que pidan en mi nombre, yo lo haré (Juan 14.13-14).

Así que mi Dios les proveerá de todo lo que necesiten, conforme a las gloriosas riquezas que tiene en Cristo Jesús (Filipenses 4.19).

Estos versículos nos dan una amplia imagen de la provisión de Dios para aquellos que le buscan. Cubren la provisión para las necesidades básicas, para las finanzas, para puertas abiertas y para la necesidad de su presencia. Tres actitudes excepcionales destacan en las oraciones y circunstancias que se mencionan más arriba. En primer lugar, estas personas expresaron una actitud de agradecimiento por el pasado y por lo que ellos creían que llegaría en el futuro. En segundo lugar, hicieron un compromiso de honrar a Dios y de darle la gloria con la provisión que Él les dio. En tercer lugar, esperaron en que su provisión llegaría y, como resultado, hicieron preparativos para ese momento.

De un modo muy parecido al caso de la oración para pedir liberación, no he encontrado ni un solo versículo en la Biblia que mencione la negativa de Dios a contestar la petición de alguien que busca su provisión. Descubrí una evidencia indiscutible de que Dios nos ama, nos ayuda y cuida de aquellos que ponen su confianza en Él. Como dijo el rey David: «Una vez fui joven, ahora soy anciano, sin embargo, nunca he visto abandonado al justo ni a sus hijos mendigando pan» (Salmo 37.25 NTV).

A lo largo del resto de este capítulo, mi objetivo es ayudarte a aplicar a tu vida el mensaje central de estos versículos de las Escrituras. ¿Cuál es ese mensaje central? Puedes contar con Dios para que supla tus necesidades, abra las puertas necesarias y te dé los recursos que necesitas. Él proveerá.

¿Te sientes fatigado a causa de una batalla sin fin? ¿Estás luchando con la sensación de que no vas hacia delante? Si es así, la siguiente oración te ayudará a comunicarte con el Señor de una manera que crea expectación y edifica la fe. Esta plegaria está tomada de distintos pasajes bíblicos donde personas como tú y yo —con los mismos tipos de necesidades y retos— buscaron la ayuda de Dios, y Él respondió. Si necesitas la provisión de Dios, alarga tu mano hacia Dios con un corazón sincero:

La oración para pedir provisión

Señor, te doy mi corazón y pido tu provisión divina en mi vida. Dame ojos que vean cuándo tú suples mis necesidades. Te doy las gracias porque sé que tu respuesta viene de camino. Abre de par en par las compuertas del cielo y derrama tus bendiciones sobre mi vida. Sé que si te sigo fielmente, tú me guiarás; tú reprenderás al devorador. Abro mi corazón y te doy las gracias por tu provisión en cada área de mi vida. Seré fiel en la administración de cada una de las cosas que tú me confíes. En el nombre de Cristo te lo pido, amén.

Esta oración es general y puedes utilizarla para orar por tu vida personal o familiar. Si necesitas su intervención en un área específica, he esbozado cuatro áreas en las que las personas necesitan más la provisión de Dios. Estas incluyen las necesidades básicas, las financieras, la necesidad de que se abran puertas y la de su presencia. No son más que unas cuantas áreas en las que Dios provee para nosotros.

Estas cuatro áreas te darán algunas perspectivas poderosas de cómo reconocer y acoger la divina provisión de Dios a través de la oración. Cuando pedimos a Dios que provea, solo necesitamos tener un corazón genuino.

II. Cuatro áreas en las que puedes esperar milagros

1. La provisión de Dios para tus necesidades básicas

En 1943, Abraham Maslow presentó un papel sobre la teoría psicológica que analizó los cinco niveles de las necesidades humanas. Se llama: la Jerarquía de las necesidades. Sintió que algunas de las cosas más básicas para el ser humano eran la comida, el agua, el sueño, el aire y la homeostasis.[1]

Nadie entiende mejor estas necesidades humanas básicas que Aquel que nos creó (Salmo 139.13). Nadie trabaja más duro que Dios para ayudarnos a sobrevivir. Jesús intentó transmitir esto a sus seguidores cuando les dijo que no necesitaban derramar toda su energía emocional en preocuparse por las cosas fundamentales de la vida (Mateo 6.34). Él entiende nuestras circunstancias y nuestros retos y proveerá todo lo necesario para que podamos ir hacia delante (Lucas 12.27-31). El mensaje de Jesús para nosotros es simple: Necesitamos confiar en Él antes de dejarnos consumir por la ansiedad.

En 1963, Richard Larson daba clases a tiempo parcial en un colegio privado. Al mismo tiempo, él y su esposa Jan pastoreaban una pequeña iglesia en la zona de Minneapolis. Tenían una hija de cuatro años, un hijo de dos y un bebé recién nacido. La iglesia de treinta y cinco personas era demasiado pequeña para poder sustentar a la familia. Luchaban de semana en semana, y de sueldo en sueldo. Finalmente, les resultó difícil comprar los artículos que una familia utiliza cada mes, como pan, féculas y aceite.

Una tarde, Jan le dijo: «Cariño, ¡no tenemos qué comer! No nos queda nada de comida y se ha acabado el azúcar, la harina, el arroz y la pasta. Para empeorar las cosas, tampoco tenemos dinero y casi no hay leche para el bebé». Fue un momento desalentador.

Se sentaron alrededor de la mesa de la cocina y él le dijo: «Miremos en todos los armarios y hagamos una lista de lo que necesitamos, incluidos los artículos que necesitaríamos reemplazar dentro de una o dos semanas. Luego oraremos sobre esa lista». Mientras iban revisando la cocina, Jan anotaba lo que su familia iba a necesitar en los próximos días. ¡La lista era larga!

Soltó la pluma y colocó la lista en el centro de la mesa de la cocina. Pusieron sus manos sobre ella y elevaron una oración pidiendo a Dios que proveyera. «Señor, estas son las cosas que necesitamos. No tenemos suficiente dinero para comprar los artículos que figuran en esta lista. No sabemos dónde podríamos conseguirlos sin dinero y no sabemos qué hacer. Pero creemos que tú nos amas y confiamos en que tú proveerás para nosotros».

A los cinco segundos de decir «Amén», alguien llamó a la puerta de la cocina. Larson se levantó para ver quién era. El hombre que estaba de pie en el escalón era famoso por su gran sonrisa que iluminaría cualquier habitación. Era uno de los diáconos de la iglesia que los Larson pastoreaban. Él, su esposa y su hijo llevaban bolsas de supermercado.

El hombre dijo: «Pastor, acabamos de salir del supermercado del otro lado de la calle. Estábamos haciendo nuestras compras y hemos pensado: *Deberíamos comprar unas cuantas cosas para el pastor. Quién sabe lo que podrían necesitar los Larson*. Así que fuimos caminando por los pasillos mientras echamos unas cuantas cosas de aquí y de allá. Espero que puedan utilizar algunos de estos artículos.

Larson se quedó de pie, en la entrada, impresionado y no conseguía articular palabras de gratitud. Él y Jan colocaron rápidamente las bolsas sobre la mesa de la cocina y los invitaron a entrar, pero ellos dijeron: «No, gracias». Volviéndose hacia su auto, dijeron: «Llevamos cosas que se pueden estropear y debemos darnos prisa por llegar a casa. Pero nos veremos el domingo». No entraron en la casa.

Los Larson se quedaron en el escalón exterior despidiendo con la mano a la familia que los había bendecido con tanta gentileza. Cuando el coche salió del camino de entrada, Jan y Richard se miraron el uno al otro durante varios segundos con una sonrisa de estupefacción en el rostro. De repente, la realidad se impuso. Corrieron como locos a la cocina. Cuando vaciaron el contenido de las bolsas sobre la mesa, hicieron un inventario visual de lo que la familia les había traído.

Richard miró a Jan y dijo: «Cariño, me parece que gran parte de lo que escribimos en la lista se encuentra en estas bolsas. ¿Por qué no verificamos los artículos de la nota?». Comprobaron uno por uno cada cosa que estaba anotada. Cuando acabaron, había dos artículos más que el diácono había comprado y que no estaban en la lista, y uno de ellos era una lata de dos kilos y medio de jamón. El diácono y su esposa no tenían ni idea de que los Larson hubieran hecho una lista —y mucho menos de lo que habían escrito en ella—, pero Dios sí. Y había provisto más de lo que habían pedido.

Cuando te sientas inquieto por las necesidades básicas de la vida, recuerda que Dios tiene contados hasta los cabellos de tu cabeza (Mateo 10.30). Cuando te preocupas por la comida, el agua, la ropa o incluso del aire, recuerda que Dios proporciona nutrientes a la tierra y lluvia para que crezcan las malas hierbas al borde de la carretera. ¿Cuánto más importante eres tú que los arbustos salvajes por los que nadie se preocupa? Además, ¿quién puede añadir «una sola hora a su vida» por preocuparse? (Mateo 6.27).

El profeta Elías entendió muy bien este concepto. La gran hambruna había secado el arroyo cerca del cual vivía y el alimento era escaso. No había alivio a la vista. El Señor le envió a una ciudad donde una viuda recogía leña para cocinar su única comida. El Señor tranquilizó a Elías: «A una viuda de ese lugar le he ordenado darte de comer». Cuando Elías llegó a la puerta principal, le dijo:

—Por favor, tráeme un poco de agua para beber».

Cuando ella se dio la vuelta para ir a buscarle el agua, él añadió:

—¿Podrías traerme también un pedazo de pan?

Ella se giró y respondió humildemente:

—El Señor es mi testigo de que no tengo pan. Solo me queda un puñado de harina y un poco de aceite. Estoy juntando leña para hacer una comida para mí y para mi hijo, antes de que muramos por esta sequía.

Elías se compadeció de ella.

—No temas —dijo—. Vuelve a casa y haz lo que pensabas, pero antes prepárame un panecillo con lo que tienes, y tráemelo; luego haz algo para ti y para tu hijo. Porque así dice el SEÑOR, Dios de Israel: «No se agotará la harina de la tinaja ni se acabará el aceite del jarro, hasta el día en que el Señor haga llover sobre la tierra».

Regresó a casa, mezcló los ingredientes e hizo un panecillo para el profeta. Notó que la harina no se acababa ni tampoco mermó el aceite. Todos los días pudo hacer suficiente comida para Elías, para su familia y para ella misma. Dios fue fiel a su palabra. (Historia parafraseada de 1 Reyes 17.7-16 NVI).

De una manera similar, el Señor proveyó maná del cielo todos los días durante casi cuatro décadas para los israelitas que vagaban por el desierto. Dios no los dejó ni un solo día sin comida.

Si tu situación presente es desalentadora y te preguntas seriamente si podrás sobrevivir un día más, pide ayuda al Señor. Pídele que te provea las cosas básicas que necesitas. Él reunirá los recursos necesarios para que tú puedas salir adelante.

Te animo a que hagas una lista de todo lo que necesitas. Pon tus manos sobre la lista y pide al Señor que abra las puertas, conceda los recursos o provea el dinero para suplir cada una de tus necesidades. Luego pídele que te dé la capacidad de reconocer su respuesta cuando esta llegue.

La oración siguiente te ayudará a encontrar un punto de partida para expresar tus necesidades básicas al Señor:

Señor, tú conoces cada una de mis necesidades antes de que yo sea consciente de ellas. Tú ves cada reto y cada barrera. Te pido que proveas todas mis necesidades esenciales para que pueda vivir y no simplemente sobrevivir. Sé que tú siempre provees más de lo que necesito y que nunca me abandonas. Ayúdame a ver tu provisión y a glorificarte este día. Abro mi corazón y te expreso mi gratitud por proveer cada una de mis necesidades. En el nombre de Cristo te lo pido, amén.

2. La provisión de Dios en tus necesidades financieras

¿Te ha atenazado alguna vez el temor de verte viviendo en la calle en un futuro cercano? Hoy día, una de las mayores preocupaciones que tenemos es quedarnos sin dinero. Nadie quiere ser pobre, y nadie quiere andar sin blanca.

Mi familia y yo vivimos en Centroamérica durante quince años. Viajamos por algunos de los países más pobres del hemisferio occidental. Hemos visto cómo luchaba y aun sufría la buena gente. Pero Dios, en su maravillosa misericordia, pelea día y noche contra el pecado, la corrupción y la inmoralidad para poder proporcionar una vida mejor a las personas. Él obra en todos los frentes para aportar soluciones. Vendrán tiempos difíciles en cuanto a las finanzas, pero el Señor muestra su misericordia para con aquellos que confíen en Él. Merece la pena observar que la oración para pedir provisión no se debería considerar como una proclamación de la prosperidad. La prosperidad es abundancia. La provisión suple la necesidad y no hay nada en la Biblia que sugiera que Dios deje a las personas desamparadas. Hasta en las circunstancias más desesperadas, Dios tiene siempre la última palabra, y lo demostró en el ministerio de Eliseo.

La mujer se acercó a Eliseo con profundo desconsuelo.

—Mi esposo, tu siervo, ha muerto. Sabes que era un hombre justo y que amaba al Señor con todo su corazón. El cobrador de facturas reclama el pago inmediato de la deuda, pero yo no tengo el dinero. Ahora ha venido para llevarse a mis dos hijos como esclavos. ¡Por favor, ayúdame!

Eliseo le dijo:

—Hazme una lista de todo lo que tienes en tu casa.

—No tengo nada —respondió ella—. Somos una familia de pocos medios. Todo lo que tengo es un poco de aceite.

Entonces él le dijo:

—Ve y pide a todos tus vecinos que te den todas sus vasijas vacías, pero no subestimes nada que puedas utilizar. Consigue tantas como estén dispuestos a darte. Una vez hayas recogido una buena cantidad, regresa a tu casa con tus hijos y cierra la puerta. No dejes que nadie te vea. Toma tu vasija y vierte el aceite en todas las que tú y tus hijos recogisteis de casa de tus vecinos. A medida que las llenes hasta el borde, ponlas en un lugar seguro.

La mujer y sus hijos fueron de casa en casa y pidieron a sus vecinos que les diesen todas las vasijas que no estuvieran utilizando. Luego, con las vasijas que había recogido y con sus hijos, regresó a su casa y cerró la puerta. Mientras vertía el aceite en la primera vasija observó que el contenido de su recipiente no disminuía.

—¡Rápido, traigan más vasijas!

Los muchachos pusieron en fila todas las vasijas vacías

a modo de cadena de montaje, y la viuda siguió vertiendo el aceite. Cuando todos los recipientes estuvieron llenos, dijo a uno de sus hijos:

—Trae otra vasija.

—Ya no queda ninguna. Las hemos utilizado todas —respondió. En ese mismo momento, el aceite dejó de fluir.

Fue a Eliseo y le contó todo lo sucedido. Él le dijo:

—Ve y vende el aceite para pagar todas tus deudas. Con lo que quede podréis vivir tú y tus hijos. (Historia parafraseada de 2 Reyes 4.1-7 NVI).

Este es un poderoso ejemplo de alguien que tenía una necesidad económica y que hizo aquello que se le dijo para poder preparar la respuesta de Dios a la oración. Recogió suficientes vasijas para que su familia pudiera sobrevivir durante los tiempos difíciles. Muchas veces las personas no son capaces de prepararse para la provisión de Dios y esto hace que tengan que luchar durante toda su vida. Sin embargo, la viuda hizo sabiamente lo que el Señor le indicó que hiciera.

En 1996 mi querido amigo Phil Guthrie recibió una llamada telefónica de un agente de radio. Representaba a una mujer que había heredado una emisora de radio AM en Fresno y quería venderla. En su calidad de presidente de una cadena de emisoras, a Phil le interesaba adquirirla, pero había un problema importante.

—Estamos sin un centavo —le dijo al agente.

—Bueno, no deje que eso le detenga —respondió el agente—. ¿Por qué no viene a Fresno, se reúne con mi cliente y vemos la emisora?

Phil accedió amablemente.

Tras orar y tratar estas cosas con un donante Phil y su esposa manejaron unos 340 km hacia el norte y almorzaron con la heredera de la emisora de radio. Las instalaciones se elevaban sobre cinco acres de tierra y disponía de una oficina y estudio de unos novecientos metros cuadrados. La emisora tenía el potencial de alcanzar a medio millón de hispanos. En el transcurso de la conversación Phil compartió la visión de la cadena y le ofreció una fracción de lo que ella pedía por la emisora. Sintió que si el Señor quería que aquella emisora formara parte de la cadena, Él se ocuparía de todos los detalles.

Al día siguiente, el agente llamó y dijo: «No sé qué le dijo a mi cliente, pero quiere vendérsela a usted. Me ha dado instrucciones para que siga adelante con el acuerdo: Le venderá la licencia para la emisora ahora y está considerando donar el terreno, la torre y el edificio a su organización en una fecha posterior». En realidad era un motivo de celebración. Sin embargo, incluso el precio fraccionario era un obstáculo difícil de vencer: Phil no bromeaba cuando dijo que la organización no se lo podía permitir. Así que oró pidiendo dirección, provisión económica y la capacidad para discernir las instrucciones del Señor. Poco después, informó al donante con el que había orado anteriormente.

El donante volvió a orar y sintió que el Señor le guiaba a ofrendar para el proyecto.

El día de plazo para cobrar el cheque estaba llegando a su fin y Phil tenía que recoger el cheque de la casa del donante, que vivía a una hora de la oficina de Phil, y depositarlo en la cuenta antes de que finalizase la jornada laboral. Phil salió por la tarde y se dio prisa en llevar a cabo todas aquellas tareas a tiempo. Al entrar en un tramo de la autopista que se encontraba en construcción, el largo brazo de la ley cayó sobre él.

El agente de tráfico rellenó la multa y añadió: «*Debe* presentarse ante la corte, porque manejaba demasiado rápido para este tramo en construcción». El policía le entregó la multa y siguió su camino. A pesar de los obstáculos, Phil consiguió recoger el cheque y depositarlo a tiempo.

Unas semanas más tarde, se presentó ante la corte. Aconsejado por la prudencia, había fotocopiado el cheque y esperó hasta que se anunciara el número de su caso.

La primera persona que se presentó ante el juez aquel día era un hombre al que habían pillado pescando sin licencia. Se le impuso una multa de ochocientos dólares y cuando argumentó que estaba desempleado, el juez hizo sonar su martillo y dijo: «¡Se le ordena que pague cinco dólares a la semana hasta que acabe de pagar la multa!». Tras oír aquel veredicto, Phil pensó: *me va a machacar.* Su caso fue uno de los últimos en anunciarse aquel largo día de tribunal.

Finalmente, el juez preguntó: «¿Cuáles son los cargos?». «El demandado manejaba a una velocidad de ciento treinta kilómetros por hora en un tramo de la autopista en construcción, donde el límite es de ochenta», respondió el oficial del tribunal. El juez miró a Phil y dijo:

—¿Qué tiene que decir en su favor?

—Verá, señoría, estoy al frente de una corporación no lucrativa aquí en el condado y me daba mucha prisa para recoger y depositar un cheque importante antes de que se extinguiese el plazo para el depósito. Estábamos llevando a cabo la compra de un activo para la corporación.

—¿Qué significa «importante»? —inquirió el juez.

—He entregado a su oficial una copia del cheque, señoría —respondió Phil.

—Eso no contesta a mi pregunta —contestó el juez con brusquedad—. ¿Qué quiere decir «importante»?

—Ciento ochenta y cinco mil dólares —respondió Phil.

—Eso es difícil de creer.

—No, señoría, es la verdad. Su oficial tiene una copia del cheque.

El juez hizo un gesto al oficial y este le entregó el cheque.

Cuando el juez vio el documento, se quedó impresionado al comprobar que confirmaba aquel cuento inusual en un tribunal.

—¡Esta es la mejor historia que he oído en todo el día! Puedo entender sus circunstancias y voy a ser indulgente con usted, pero tendrá que asistir a la Escuela para infractores de tráfico. Buena suerte con su proyecto. ¡Siguiente caso!

Dios no solo suplió la necesidad financiera, sino que abrió una puerta maravillosa para alcanzar a la gente cada día con un mensaje de esperanza. Al año siguiente, la propietaria donó los cinco acres de terreno con la torre y el edificio en el que se encontraba el equipo de transmisión de radio. Hoy, la KEYQ 980 AM llega a cientos de miles de hispanos en el área de Fresno y es una de las treinta emisoras de radio que retransmite en directo mi programa diario.

No creo que el dinero lo sea todo. Sin embargo, yo lo pondría casi al mismo nivel que el oxígeno en la lista de las necesidades humanas. Sin dinero resulta muy difícil operar en esta era moderna. Y Dios lo sabe. Si necesitas soluciones financieras, pon tu fe en Él y eleva la oración para pedir provisión. Pide al Señor que abra las compuertas del cielo y que te proporcione la solución a la necesidad financiera que tienes.

Creo que una vez decidamos someter nuestros tratos financieros al Señor; una vez estemos resueltos, de forma genuina, a alejarnos de una vida de deudas; una vez tomemos la determinación de ser buenos mayordomos y personas íntegras con aquello que tenemos, Dios empieza a bendecirnos en nuestras finanzas. Y lo hace de muchas maneras distintas.

Si te enfrentas a desafíos financieros y necesitas que el Señor te proporcione una solución, estoy seguro de que la presión que sientes puede parecer abrumadora. Creo firmemente que el Señor proveerá la solución correcta. La oración que encontrarás más abajo será para ti una forma de descubrir la poderosa mano de provisión de Dios.

Señor, sé que eres soberano y todopoderoso. Todo está bajo tus órdenes. Si he hallado gracia a tus ojos, te ruego que proveas para esta necesidad financiera que arrastro. Quita la carga que me mantiene despierto por las noches, y lléname de tu paz para que ya no me sienta angustiado por mis circunstancias temporales. Por favor, derrama una gran provisión financiera en mi hora de necesidad. Me comprometo a ser un buen administrador de todo lo que me has dado. Ayúdame a apartarme de las tentaciones que me hunden en esta situación para que nunca tenga que vivir de nuevo bajo esta presión. Gracias porque tienes cuidado de mí y provees. En el nombre de Cristo te lo pido, amén.

3. Dios provee puertas abiertas y nuevas oportunidades para tu vida

La provisión de Dios llega hasta nosotros de muchas maneras y se manifiesta en formas distintas. Algunas personas tienen necesidades tangibles, como un lugar en el que cobijarse, alimentos, ropa, agua y una seguridad básica. Para otros, sus necesidades son abstractas y más difíciles de medir (estima, amor y sentirse aceptado). Algunos de nosotros nos encontramos en el momento justo de una importante transición o necesitamos que se abra una puerta. Es entonces cuando necesitamos que Dios provea una dirección clara para esa nueva oportunidad que podría revolucionar nuestra vida.

En el año 130 d. C. aproximadamente, en la ciudad de Sicar, una adolescente rebuscaba entre los objetos de la herencia familiar y encontró el diario de su tatarabuela. El papel estaba ajado, pero la escritura era hermosa. El diario destacaba un día en el que Dios abrió una puerta extraordinaria.

Este es el relato que la tatarabuela hace del día en que la ciudad cambió para siempre:

El viernes pasado en la mañana, salí de la casa con mi jarra vacía en mano y me dirigía hacia el pozo.

Por el camino me tropecé con Mirella, que me dijo:

—Sales muy temprano hoy.

—Me gustaría evitar encontrarme con algunas de las demás mujeres —respondí. Mi amiga se limitó a sacudir la cabeza y sonrió cuando yo me volví para dirigirme hacia la empinada cuesta.

El pozo siempre había tenido una cierta atracción para las personas solteras. En distintas localidades, muchas relaciones maravillosas habían empezado junto a uno. Moisés conoció a Séfora cerca de un pozo. En uno de ellos el siervo de Abraham encontró a Rebeca, esposa de Isaac y, por supuesto, todos sabemos donde conoció Jacob a Raquel.

Era un día especialmente caluroso. No se movía una brizna. Cuando me quedaban aún unos cientos de metros para llegar a mi destino, observé que doce hombres judíos se dirigían hacia mi ciudad mientras comentaban entre ellos, en voz baja, sobre las provisiones que necesitaban comprar para su viaje. La gente de Sicar solía decir que soy muy coqueta. Personalmente no tengo ni idea de a qué se refieren. Sin embargo, debo admitir que, cuando aquellos doce hombres pasaron por mi lado, no me pude resistir. Saludé educadamente con la cabeza y esbocé una sonrisa. Pero ellos ni siquiera dieron muestras de haberse percatado de mi presencia.

Llegué al pozo y me detuve para recobrar la respiración. Fue entonces cuando le vi: era un hombre joven, de treinta y pocos años, solo, sentado a la sombra. Cuando dejé mi cántaro para recogerme el cabello, debí despertarle con el sonido que hizo. Abrió los ojos, permaneció en silencio durante un instante y me preguntó:

—¿Me das de beber?

Aquello me pareció peculiar. Los judíos no suelen hablar con nosotros. A diferencia de los demás, este hombre abrió la boca y dijo algo. Esto despertó mi curiosidad y me pregunté si no querría algo más que agua. De modo que le dije:

—Tú eres judío y yo una mujer samaritana. ¿Cómo puedes pedirme a mí de beber?

Su respuesta fue profunda:

—Si conocieras el don de Dios y quién es el que te pide de beber, tú le pedirías y Él te daría agua viva.

Yo no sabía su nombre. No tenía ni idea de quién era. De una cosa estaba segura: yo había ido al pozo aquel día a sacar agua, como hacía a diario, y Él afirmaba tener algo especial que estaba dispuesto a darme. Una parte de mí no podía decir si hablaba en serio o si se burlaba de mí.

Por tanto, le pregunté con sutileza:

—Señor, no tienes nada con qué sacarla y el pozo es profundo. ¿De dónde puedes conseguir esa agua viva? ¿Eres tú mayor que nuestro padre Jacob, que nos dio este pozo, del cual bebieron él, sus hijos y sus ganados?

En eso, se puso en pie y sacudió su ropa. Luego, sonrió y dijo:

—Cualquiera que bebiere de esta agua terrenal volverá a tener sed, pero el que bebiere del agua que yo le daré, no volverá a tener sed jamás. En realidad, el agua que yo le daré será en él un manantial de agua que brote para vida eterna.

Me siento avergonzada por tener que admitir que mi reacción interna no fue la adecuada. Yo pensé que estaba alardeando de su riqueza y de que podía solucionar todos mis problemas terrenales. Yo había ido a ese pozo tantas veces y, en realidad, no solo iba en busca de agua. Había pasado toda mi vida empezando y acabando relaciones, y quería algo que durase. De modo que exclamé:

—Quiero esa agua, para no volver a tener sed y así dejar de venir aquí todos los días.

Lancé el cebo con la esperanza de que se tragara el anzuelo.

Una de las maneras en las que uno puede saber si alguien está comprometido en una relación es preguntar por el cónyuge. Eso fue lo que pensé que Él estaba buscando cuando me dijo:

—Ve, llama a tu esposo y vuelve aquí.

Yo sonreí ligeramente y contesté:

—No estoy casada.

De repente, Él tomó control de la conversación y, en cuestión de cinco segundos, toda mi vida se paralizó. Jamás podré olvidar lo que me dijo:

—Tienes razón cuando dices que no tienes marido. La verdad es que has tenido cinco, y el hombre con el que estás ahora tampoco es tu esposo. Ni siquiera te ha dado la dignidad de llamarte su esposa. Lo que acabas de decir es bastante cierto.

¡*Vaya!* —pensé—. *¿Cómo ha descubierto mi oscuro pasado?*

Yo había malinterpretado las palabras de un hombre

santo que yo creía interesado en algo más que mi capacidad de servirle agua. Mis relaciones pasadas habían ensuciado mi mente y me impidieron ver sus verdaderas intenciones. Esto es lo que ocurre cuando te involucras con tantos hombres.

Respiré profundamente para recobrar la compostura. Intenté evitar la humillación dando un tono religioso a mis palabras:

—Señor —respondí—, puedo ver que eres un profeta. Nuestros padres adoraron en este monte, pero ustedes los judíos afirman que el lugar donde debemos adorar es en Jerusalén.

—Créeme, mujer —respondió con autoridad—, la hora viene, y ahora es, cuando los verdaderos adoradores se comprometerán en una adoración que es en espíritu y en verdad. Eso es lo que Dios quiere: personas sinceras que deseen su presencia en todas partes y en todo tiempo. Lo que cuenta delante de Dios es quién eres y la forma en la que vives.

Por primera vez en mi vida sentí que no tenía que utilizar máscaras. Él era el primer hombre de todos cuantos había conocido con el que podía ser transparente. En un intento por encontrar un terreno común, dije:

—Sé que ha de venir el Mesías (llamado el Cristo). Cuando Él venga, nos explicará todas las cosas.

Fue entonces cuando Él declaró las noticias más maravillosas que yo hubiera oído jamás:

—Yo soy Él —me respondió—. No es necesario que esperes ni que busques más.

Jesús de Nazaret, el Mesías, estaba allí, delante de mí.

De pronto llegaron sus doce amigos que venían subiendo la colina. Parecieron sorprendidos de encontrarnos allí solos, hablando. ¿Quién podría culparlos por ello? Sin embargo, ninguno de ellos lo tomaron aparte y le preguntaron: «¿Qué es lo que quiere?» o «¿Por qué estás hablando con ella?».

La emoción me abrumó. Había invertido toda mi energía en relaciones que acabaron en amarga disputa. Había cometido demasiadas equivocaciones como para contarlas. A pesar de todo, en aquel momento, me había encontrado con la persona que podía redimirme y restaurarme mi dignidad. Abrió la mayor puerta de toda mi vida. Era una nueva oportunidad que revolucionó mi corazón.

Sin pensarlo, dejé por segunda vez el cántaro y salí corriendo hacia la ciudad con lágrimas de gozo corriendo por mi rostro. Corrí tan rápido que casi me caigo dos veces. Cuando llegué a la plaza de la ciudad, a dos calles de allí, me puse de pie sobre el pequeño muro que rodeaba el obelisco y grité a todo aquel que pudiera oír mi voz:

—Vengan, vean a un hombre que me ha dicho todo lo que yo he hecho en mi vida. ¿No podría ser el Cristo?

Al principio, algunos de ellos me creyeron y otros no lo hicieron. Pero cuando fueron a verle cara a cara, ¡descubrieron que en verdad era el Salvador del mundo![2]

Me gustan mucho las grandes historias y así es como imagino que la mujer samaritana contaría la suya. Es posible que te resulte inconcebible que ella pudiera tener una impresión errónea de las cosas que Jesús le estaba diciendo, pero puedo asegurarte que cualquiera que se haya casado cinco veces tiene experiencia en ello. Es imposible que la forma en la que ven el mundo no se vea afectada por el pasado. Como ya he mencionado en otro capítulo de este libro, mi padrastro se había casado cinco veces antes de conocer a mi madre. Independientemente de que yo haya podido adornar algunos detalles de la historia que se encuentra en Juan 4, el punto central de la historia permanece inalterado. Dios le proporcionó una extraordinaria vida nueva en un momento en el que ella luchaba por sobrevivir día a día y de relación en relación. Él fue más que capaz de reconducir sus conceptos equivocados para que ella llevara la salvación a su ciudad, aun cuando Él estaba arriesgando su propia reputación.

¿Cuántas veces vamos al mismo pozo en busca de una solución para los mismos problemas con los que nos enfrentamos día a día, semana a semana, mes a mes y año tras año? ¿Cuántas veces anhelamos una puerta abierta o una nueva oportunidad? Creo que el Dios que proporcionó una puerta abierta a la mujer samaritana aquel día tan especial que transformó su vida es el mismo Dios que te abrirá una nueva puerta y te concederá una nueva oportunidad. ¡Él es el Dios que proporciona puertas abiertas!

Dios sabe cuáles son las puertas que necesitan abrirse en tu vida y las transiciones a las que te enfrentas. Él es consciente de las nuevas oportunidades que deben desarrollarse para que tú puedas ir adelante. No está sordo. Además, Él prevé estas cosas aun antes de que las pidas. Él oye tus oraciones.

Si estás buscando una nueva oportunidad, como en todas las demás peticiones de oración, quiero alentarte a que la escribas en un diario de oración. Conviértela en una parte de esta oración que encontrarás más abajo y ten la confianza de que Él abrirá la puerta para ti. Pide a Dios cada mañana, al empezar tu día, que te abra puertas y te conceda nuevas oportunidades.

Señor, creo que tú eres el Dios de las puertas abiertas. Te ruego que me proporciones soluciones creativas, nuevos comienzos y horizontes sin límites. Lléname con tu presencia y tu fuerza para que pueda entrar por la puerta que tú estás abriendo para mí. Impárteme tu sabiduría para poder discernir cuál es la oportunidad correcta para mí. Te ruego que me concedas tu favor y tu gracia al emprender el nuevo comienzo que tienes para mí. En el nombre de Cristo te lo pido, amén.

4. La provisión de la presencia de Dios aun cuando no puedas sentirle

El mayor regalo que Dios puede darnos cuando tenemos la espalda contra la pared es, quizás, su presencia. Es posible que no seamos capaces de sentirle, de verle o de tener una evidencia tangible de que Él esté ahí. Pero la fe consiste en creer y nada es más consolador que saber (creyendo) que Dios está con nosotros en la brecha. Cuando elegimos caminar con Dios ya no tenemos que estar solos jamás. Dios te dará su presencia cuando le necesites. Él no te abandonará.

Moisés se presentó delante del Señor en un momento clave. El Señor dijo: «Anda, vete de este lugar, junto con el pueblo que sacaste de Egipto, y dirígete a la tierra que bajo juramento prometí a Abraham, Isaac y Jacob que les daría a sus descendientes. Enviaré un ángel delante de ti, y desalojaré a cananeos, amorreos, hititas, ferezeos, heveos y jebuseos. Ve a la tierra donde abundan la leche y la miel. Yo no los acompañaré, porque ustedes son un pueblo terco, y podría yo destruirlos en el camino».

Moisés estaba totalmente abatido, como también lo estaba la nación entera. De repente, todo aquello por lo que estaba luchando parecía haber perdido el atractivo que tenía. Para él solo había una cosa más importante que el resto.

Con toda sinceridad, Moisés rebatió lo que el Señor decía:

«Mira, tú me dices a mí: Saca este pueblo; y tú no me has declarado a quién enviarás conmigo. Sin embargo, tú dices: Yo te he conocido por tu nombre, y has hallado también gracia en mis ojos. Ahora, pues, si he hallado gracia en tus ojos, te ruego que me muestres ahora tu camino, para que te conozca, y halle gracia en tus ojos; y mira que esta gente es pueblo tuyo».

El Señor escuchó pacientemente su corazón y dijo: «Mi presencia irá contigo, y te daré descanso». Luego Moisés añadió: «Si tu presencia no ha de ir conmigo, no nos saques de aquí. ¿Y en qué se conocerá aquí que he hallado gracia en tus ojos, yo y tu pueblo, sino en que tú andes con nosotros, y que yo y tu pueblo seamos apartados de todos los pueblos que están sobre la faz de la tierra?».

Moisés tiene un punto de razón. ¿Qué otra cosa puede distinguir el bien del mal, la santidad de la pecaminosidad, la justicia de la injusticia? Solo la presencia de Dios. Si el Señor no está con nosotros, ¿qué propósito tenemos en la vida?

Lleno de amor y compasión, el Señor respondió a su petición: «También haré esto que has dicho, por cuanto has hallado gracia en mis ojos, y te he conocido por tu nombre». (Historia parafraseada de Éxodo 33.1-17 NVI).

La humilde respuesta de Moisés tocó la fibra sensible del Señor. Consiguió transmitir algo que pocos seres humanos llegan a hacer jamás. La presencia de Dios era más importante para él que la riqueza, la pobreza, el poder, la fama y la gloria del mundo. Sin la presencia del Señor no merecía la pena entrar en la Tierra Prometida. Habría preferido quedarse en el desierto, donde Dios estaba. No hay muchas personas que valoren la presencia de Dios en la medida que Moisés lo hacía. Por esta razón Dios contestó su oración.

¿Qué había en el corazón de Moisés para que provocara la respuesta positiva de Dios? Lo más probable es que fuera su humildad, su sinceridad y su autenticidad. Amaba al Señor de verdad y le gustaba estar cerca de Él.

¿Necesitas la presencia de Dios en tu vida? ¿Estás vagando alrededor de un desierto en busca de algo parecido a un oasis, o un arroyo para mitigar tu sed? Amigo mío, solo la presencia de Dios puede satisfacer la deshidratación espiritual que sientes.

Hace poco me pidieron que predicara en dos campañas al aire libre en Cuba. Cuando el misionero que allí se encontraba me invitó a ir, de inmediato respondí que sí. Después de aterrizar en La Habana, mi equipo costarricense y yo manejamos unos ochocientos kilómetros hacia el este. Llegamos a una ciudad llamada Holguín, situada a unos ciento noventa kilómetros al oeste de la bahía de Guantánamo.

Durante la tarde de nuestro primer evento, caía una lluvia torrencial en aquella zona durante tres largas horas. Debido a las condiciones meteorológicas yo no esperaba a más de ciento cincuenta personas. A las 5:00 de la tarde, los pastores locales nos acompañaron a un terreno al aire libre situado a las afueras de la ciudad. Manejamos hasta un antiguo edificio. Pasar del interior de un vehículo con aire acondicionado al exterior, con una temperatura de 35°C con un 95% de humedad resulta poco agradable. Nuestros zapatos se hundieron en quince centímetros de barro y recorrimos el corto camino por detrás del edificio hasta llegar al gran prado donde *siete mil* personas aguardaban que el culto comenzara.

Muchos de ellos habían viajado durante más de cuatro horas, en pie, en la parte trasera de camiones volquetes bajo una intensa lluvia. Como la multitud era tan grande, no había suficientes retretes para atender de forma adecuada a la multitud. La multitud nos abrumó, por decirlo de forma suave. La gente presionaba contra la tarima e inundó la plataforma. Era la primera vez que me encontraba en un culto en el que la multitud cantaba más fuerte que las voces de los cantantes que llegaban a través del sistema de sonido.

Tras un culto de cuatro horas, en el que más de mil personas entregaron su corazón a Cristo y pidieron a Dios que perdonase sus pecados, observé cómo subían a los camiones que les habían traído. Muchos de ellos tenían un largo viaje por delante para regresar a sus hogares.

Personalmente no conozco a muchas personas (excepto yo mismo) que hicieran un sacrificio semejante solo para pasar tiempo en la presencia de Dios. La mayoría de nosotros nos quejamos cuando el aire acondicionado está demasiado alto o cuando la música suena demasiado fuerte. Entonces, ¿por qué harían nuestros amigos cubanos un esfuerzo tan neotestamentario? La historia cristiana allí señala este simple hecho: la iglesia cubana anhela la presencia de Dios. Viven lo que Moisés decía: «Si tu presencia no ha de ir con nosotros, no nos envíes allí».

Hoy, están presenciando el avivamiento por el que tanto han orado. Dios está con ellos, sencillamente porque le piden que esté. Para ellos, estar de pie bajo una intensa lluvia, con los pies hundidos en quince centímetros de barro en la presencia del Señor es mejor que el aire acondicionado en cualquier otro día. El resultado del deseo que sienten por la presencia del Señor es algo que da que pensar. En los últimos treinta años, la iglesia de allí ha crecido hasta pasar de diez mil personas a más de un millón.

¿Cómo se encuentra tu vida espiritual en este momento? ¿Te sientes espiritualmente deshidratado? ¿Careces de la presencia de Dios en tu vida? Si es así, todo lo que tienes que hacer es pedirle que camine contigo y Él lo hará.

Creo que una vez estemos dispuestos a pasar unos momentos de nuestro precioso tiempo con el Señor, Él nos bendecirá con su presencia. ¡Esta es una de las mayores provisiones de todas!

La oración siguiente te ayudará a iniciar un nuevo comienzo con Dios para que puedas empezar a sentir su presencia en tu vida. De todas las cosas importantes, tener la presencia de Dios es una de las más importantes. Te aliento firmemente a que hagas todos los días esta oración u otra con tus propias palabras.

Señor, perdóname por abarrotar mi vida de eventos, compromisos y responsabilidades. Ayúdame a filtrar las cosas que no son necesarias para que yo pueda caminar contigo. No quiero andar sin ti. Lléname con tu Espíritu y capacítame para que sienta tu presencia. Permíteme escuchar tu voz y háblame de un modo que yo pueda entender. Si tu presencia no va conmigo, no permitas que siga adelante. Concédeme que pueda experimentar tu poderoso avivamiento y renueva mi espíritu. Te doy gracias por el maravilloso regalo que me has hecho. En el nombre de Cristo te lo pido, amén.

III. El milagro de una segunda oportunidad

Es posible que sientas que no hay un final a la vista. Quizás lo hayas hecho todo bien, pero nada parece salir como tú esperas. Si este es el caso, Dios te ofrece su poderosa mano de estabilidad. No te abandonará aunque le des la espalda.

Simón era un pescador que tenía retos financieros. Tenía que pagar impuestos, alimentar bocas y una tripulación a la que pagar. Después de pescar durante toda la noche, él y su gente llevaron los barcos hasta el borde del agua y comenzaron la laboriosa tarea de lavar sus aparejos.

Jesús enseñaba junto al lago y una gran multitud se había reunido para escucharle. Le apretujaban y le resultaba difícil dirigirse a todos ellos. Por tanto, decidió distanciarse y dejar suficiente espacio para que todos pudieran verle y oírle con claridad. Mientras buscaba una solución rápida, vio a Simón que lavaba sus redes. De modo que entró en uno de los barcos de Simón y le pidió que le apartara un poco de la orilla. Simón accedió.

Una vez el barco en la posición adecuada, Jesús se sentó y empezó a enseñar a aquellas personas. Tan pronto como hubo acabado, dijo a Simón: «Lleva la barca hacia aguas más profundas y echen allí las redes para pescar». Simón estaba un tanto renuente al principio. Todo pescador sabe que el mejor tiempo para pescar es entre la medianoche y las 7:00 de la mañana. El peor tiempo es cuando los rayos del sol brillan en el agua. Sin embargo, Simón quiso mostrar respeto al Señor. «Señor —dijo—, hemos trabajado duro durante toda la noche y no pescamos nada. Pero como tú me lo mandas, echaré las redes».

Tan pronto como echaron las redes, recogieron una cantidad tan impresionante de peces que las redes empezaban a romperse. Entonces Pedro llamó al otro barco para que les ayudara. Disponer de dos barcos a la vez hizo que pudieran extender más las redes y distribuir el peso. Aun así, llenaron ambas barcas hasta el punto de que empezaban a hundirse.

Cuando Simón vio el milagro acontecido, se vio confrontado con la cruda realidad. Estaba acostumbrado a los milagros que acompañaban el ministerio del Señor y, a pesar de todo, se sintió culpable. No se habían encontrado aquella mañana por primera vez. Él había empezado a seguir a Jesús con anterioridad (Marcos 1.16-18; Mateo 4.18-20), pero había vuelto a su antigua profesión, quizás por las presiones financieras. Después de todo,

Pedro tenía una familia, un hogar, y un negocio. El milagro que presenció aquel día provocó una profunda comprensión de su naturaleza desganada, imprudente y pecaminosa.[3] Simón cayó de rodillas delante del Señor y dijo: «¡Apártate de mí, Señor; soy un pecador!». El Señor tuvo compasión de él, porque vio que su corazón era sincero. Le respondió: «No temas; desde ahora serás pescador de hombres». En un momento poderoso, a Pedro se le dio una segunda oportunidad. Cristo perdonó su pecado, le ofreció un futuro fenomenal y remedió sus presiones financieras. En cuestión de minutos, Simón y su tripulación recogieron suficientes peces para poder saldar todas sus obligaciones. Aprendieron que si obedecían y confiaban en su Señor, Él proveería para ellos y para sus familias.[4] Llevaron sus barcas a la orilla, vendieron el pescado, lo dejaron todo y siguieron a Cristo. (Historia parafraseada de Lucas 5.1-11 NVI).

En realidad, durante los tiempos de adversidad, Dios muestra que es fiel en todas las áreas de tu vida, hasta cuando te apartas de Él. Dios conoce todas las necesidades que tienes, cada reto al que te enfrentas, y cada barrera que quieras romper. Es más que capaz de ayudarte a vencer. «Dios puede hacer que toda gracia abunde para ustedes, de manera que siempre, en toda circunstancia, tengan todo lo necesario, y toda buena obra abunde en ustedes» (2 Corintios 9.8).

Muchas veces trabajamos duro para ir adelante, pero aquello contra lo que más luchamos es confiar y obedecer al Señor. Confieso que me he preocupado por demasiadas cosas que escapan a mi control. Quizás, como Simón, empiezas confiando en el Señor, pero finalmente vuelves a caer en las maneras antiguas». Incluso si le has vuelto la espalda al Señor y le has dicho: "Voy a hacer las cosas a mi manera", la historia que contamos más arriba nos enseña que es paciente y que está dispuesto a trabajar a través de nuestras incompetencias y nuestras deficiencias. ¿Por qué? Porque Él nos ama más allá de toda medida, y tú no eres una excepción.

Es posible que estés haciendo todas las cosas correctas, pero nada parece salirte bien. *Los peces no están picando.* Pide ayuda al Señor. Permite que Él entre en tu barco y te dé instrucciones. Te sorprenderán los resultados que se producirán por obedecerle y confiar en Él.

¿Cómo puedo afirmar que Dios siempre contesta la oración para pedir provisión? Porque es un Dios soberano al que le importan las necesidades de aquellos que le buscan. Se interesa por los lirios de los campos, las malas hierbas junto al camino, y hasta por las criaturas que nadan a tres mil metros por debajo de la superficie del océano. Sin embargo, ninguno de ellos se preocupa de la lluvia, de los nutrientes o de la temperatura. Cuando te preguntas si el Señor proveerá para tus necesidades, recuerda: «El SEÑOR es sol y escudo; Dios nos concede honor y gloria: El SEÑOR brinda generosamente su bondad a los que se conducen sin tacha» (Salmo 84.11). De modo que cuando pides a Dios que provea para ti, ¡puedes estar seguro de que lo hará! *Él es tu proveedor.*

Al volver atrás sobre este capítulo, descubrimos que cuando te sientes contra la pared y parece que no progresas, todavía puedes pedir al Señor que provea para todas las necesidades que tienes. Escribe tus necesidades y preséntalas a modo de oración al Señor. Él provee las necesidades básicas de cualquiera que ponga su confianza en Él. «Así que no se preocupen diciendo: "¿Qué comeremos?" o "¿Con qué nos vestiremos?". Porque los paganos andan tras todas estas cosas, y el Padre celestial sabe que ustedes las necesitan» (Mateo 6.31-32).

El Señor comprende que el dinero es un aspecto muy importante de la vida humana. Toda riqueza está a su disposición (Salmo 50.10) y Él se cuida de aquellos que ponen su confianza en Él (Salmo 125.1-2). Ya sea que estés buscando una puerta abierta o una nueva oportunidad, el Señor proveerá una salida para que vayas adelante.

Finalmente, de todas las cosas que necesitamos en la vida, la presencia de Dios es la más vital. Dios provee gratuitamente su presencia (Lucas 11.14), su sabiduría (Santiago 1.5), su amor (Juan 3.16), su protección (Salmo 5.11), y su misericordia (Deuteronomio 4.31) a todos los que le buscan. Él contestará tu oración para pedir provisión.

Todas las oraciones para pedir provisión que se recogen en este capítulo pueden resumirse con esta simple plegaria de dos frases: *Señor, provee para mis necesidades. Ayúdame a confiar en ti en todas las cosas y a esperar tu divina providencia.*

CAPÍTULO CINCO

La oración para pedir sanidad

Las puertas de Urgencias se abrieron de par en par mientras el equipo médico metió a toda prisa la camilla en el quirófano. Nadie sabía con exactitud lo ocurrido, pero la evidencia sugería que había sufrido un derrame cerebral. Uno de los doctores se detuvo para informar a su esposo: «Haremos lo que podamos». Su esposo se limitó a mirar hacia abajo y a asentir con la cabeza con aspecto sombrío. «Tendremos más información después de la operación». Luego, el doctor se dio la vuelta y siguió caminando hacia las puertas dobles.

Aquella tarde, más temprano, Cristina se encontraba aún en la ducha cuando de repente se agarró un lado de la cabeza. En cuestión de segundos perdió el equilibrio y se desplomó. Al principio se pensó que se había desmayado, pero pronto fue evidente que la situación era mucho más grave.

Mientras la familia seguía a la ambulancia hasta el hospital, les resultaba difícil digerir el desarrollo de aquella tragedia. No era fácil imaginar que algo tan terrible pudiera ocurrirle a alguien de cincuenta y dos años que no había tenido ningún problema de salud con anterioridad.

Las horas pasaron y, por fin, el doctor salió del quirófano. La mirada sombría que se veía en su rostro sugería que las noticias no eran buenas. «No esperamos que se recupere. Lo más probable es que se quede como un vegetal, es decir, si sobrevive a la semana próxima». Al oír las palabras del doctor, su esposo cerró los ojos y exhaló un suspiro. Los demás se limitaron a mirar fijamente el suelo de baldosas de la sala de espera, sin poder hacer nada.

Milagrosamente, Cristina sobrevivió a aquella semana. Aunque los doctores veían muy poco progreso en su estado, ellos sentían que este mejoraría si pasaba el tiempo que le quedara en su hogar. La familia lo organizó todo y tomó los suministros médicos necesarios.

Transcurrieron varias semanas en las que Cristina pasaba de la consciencia a la inconsciencia.

Un día, alguien llegó a su puerta con un folleto que decía: «Hay esperanza en Jesús». Una campaña de evangelización de cuatro noches estaba a punto de dar comienzo a unos ochocientos metros de la casa. Cuando Cristina oyó de lejos la conversación, abrió los ojos y susurró a Andrey, el menor de sus hijos: «Quiero que me lleves a la campaña». Andrey no era religioso, pero amaba a su madre y quería complacerla. De modo que él y su padre lo organizaron todo para llevarla a aquel evento.

La condujeron al campo de fútbol y se sentaron en la última fila, cerca de la cabina de sonido. Tenía la cabeza afeitada y se la cubría con un pañuelo. A juzgar por su apariencia, me pareció obvio que necesitaba un milagro.

En el transcurso del culto, un conocido miembro de una pandilla entró en la campaña a través de la puerta más lejana y se acercó a la parte trasera de la multitud, justo por detrás de la cabina de sonido. Bajo su chaqueta de cuero llevaba una pistola del calibre 22, que pretendía utilizar contra mí. Uno de los ujieres lo vio caminando de un lado a otro con el dedo en el gatillo y dio aviso a algunos miembros del resto del equipo. Nadie se atrevió a acercarse a él ni tampoco a llamar mi atención sobre el incidente.

Al final del mensaje, pregunté si alguien quería comenzar una nueva vida con Cristo. El pandillero volvió a dejar su pistola debajo de su chaqueta y alzó la mano en el aire. Sintió una convicción abrumadora en su corazón mientras las lágrimas rodaban por sus mejillas. Bajé de la tarima para orar con aquellos que pasaban al frente y el pandillero me susurró: «De todas las cosas que necesito, una nueva vida es lo que más deseo». Luego me pidió que le perdonara por sus malas intenciones. Miré por casualidad y observé que Cristina seguía sentada al fondo, con su familia. La distracción no hizo que me olvidara de ella.

Me di la vuelta, subí las escaleras de la tarima y dije: «Hay una mujer sentada al fondo. ¿Podrían acompañarla aquellas personas que la han traído aquí y pasar al frente? Me gustaría orar con ustedes antes de acabar».

La familia la trajo hasta la parte delantera. Me reuní con ellos en la base de la tarima. Coloqué mi mano izquierda sobre su hombro y oré: «Padre, te ruego que sanes a esta mujer de la enfermedad que ha afectado su cuerpo. Glorifícate y honra la fe que ella deposita en ti. En el nombre de Cristo te lo pido, amén».

Ella se giró, abrazó a su hijo y empezó a caminar hacia su sitio. Sin embargo, esta vez había algo visiblemente distinto: no necesitó ayuda alguna. Con cada paso que daba su estabilidad era sorprendentemente mayor. Cuando acabó el culto, ella pudo recorrer los ochocientos metros de regreso a su casa.

Un día después, era capaz de desenvolverse normalmente sin que quedara muestra alguna de su derrame cerebral. Quizás el mayor milagro ocurrido aquella noche fuera la mayor sanidad que tuvo lugar en su familia. Su esposo había estado luchando contra el alcoholismo durante años. Su hijo Andrey estaba inmerso en drogas y pandillas. Su otro hijo había recibido un disparo en el corazón y los pulmones por estar involucrado en tratos de droga. Sobrevivió, pero durante varios años estuvo entrando y saliendo de la cárcel. Toda la familia estaba en medio de una lucha y emocionalmente angustiados. Cuando vieron el milagro acontecido en el cuerpo de Cristina aquella noche, entregaron su vida al Señor.

Su esposo decidió asistir a las reuniones de Alcohólicos Anónimos y se comprometió a seguir a Cristo. Desde ese momento ha permanecido sobrio y su matrimonio ha sido sanado. Su hijo Andrey resolvió abandonar su vida de delincuencia y comenzó una relación con Cristo. Tres años después comenzó a trabajar a tiempo completo en nuestro ministerio y viajó por toda Centroamérica con nuestro equipo. El otro hijo de Cristina fue liberado de la cárcel y asiste a la iglesia con el resto de la familia. Cinco de sus ocho hijos comenzaron a caminar con el Señor. Cada miembro de la familia experimentó algo maravilloso como resultado del milagro sucedido. El Señor obra para traer sanidad al cuerpo, el alma y el espíritu.

Tarde o temprano, de una forma u otra, todos necesitan la intervención de Dios. Ya sea que se enfrenten a un reto físico, psicológico o espiritual, algo se interpondrá en nuestro camino y no podrá remediarse con los avances de la ciencia, la medicina o la terapia. Muchas veces, los doctores no tienen solución, ni los asesores tienen las herramientas para ayudar a que las personas den un paso adelante. Cualquiera que sea la circunstancia, siempre podemos volvernos al Autor de la vida y buscar su ayuda.

Tengo la firme convicción de que Dios obra en todos los frentes para llevar a la humanidad a un lugar mejor. Lo hace en los altares de las campañas y en los laboratorios científicos de las compañías farmacéuticas para sanar el cuerpo humano. Dios da sabiduría al terapeuta, unge al ministro y da discernimiento al paramédico. Ilumina al científico, motiva al médico e inspira al consejero. Da entendimiento a todos los que trabajan para ayudar a que las personas experimenten la sanidad psicológica, espiritual y física. ¿Por qué? Porque nos ama de una forma incondicional.

Jamás se me ocurrirá sugerir que Dios sane a todo aquel que pida un milagro físico. Si este fuera el caso, yo podría haber dejado de tomar la medicación para mi presión arterial y mi colesterol cuando tenía treinta y ocho años. Lo que sí creo es que Dios proporciona respuestas, soluciones, remedios y abre puertas para aquellos que le buscan. Estoy convencido de que la sanidad no solo es un fenómeno físico. Es espiritual, psicológico e interpersonal. La sanidad de Dios toca todas las áreas de nuestra vida.

De modo que, cuando sugiero que esta es una oración que Dios siempre contesta, quiero que entiendas que Él, como nuestro Sanador, toca todo nuestro ser: espíritu, alma y cuerpo. A lo largo de la Biblia, Dios siempre sana las iniquidades espirituales, porque Él es el único que puede hacerlo. En la mayoría de los casos, Él sana nuestras heridas emocionales y nuestras enfermedades físicas. Puede elegir hacerlo por medio de la ciencia moderna o de un milagro instantáneo.

Quizás estés luchando con una enfermedad física y el médico no puede encontrar una solución. Puede ser que tu batalla sea contra una antigua herida emocional y cada vez que recuerdas lo sucedido te ves abrumado por el dolor. Es posible que tu conciencia esté cauterizada y hayas perdido toda sensibilidad espiritual. Este capítulo te aportará sanos principios bíblicos junto con testimonios de la vida real que demostrarán que Dios proporciona soluciones físicas, psicológicas y espirituales a las enfermedades que enfrentamos. En primer lugar consideraremos distintos ejemplos bíblicos de personas que pidieron a Dios que les sanara. En segunda instancia veremos el profundo impacto que la sanidad de Dios puede tener en tres áreas de nuestra vida. En tercer término, la sección final ofrece esperanza cuando no parece haber ninguna solución a la vista. Para comenzar, establezcamos un fundamento bíblico con respecto a la quinta oración que Dios siempre responde: *la oración para pedir sanidad.*

I. Ejemplos bíblicos de cómo Dios contesta la oración para pedir sanidad

De las siete oraciones enumeradas en este libro, aquella que se hace para pedir sanidad es la más destacada de las Escrituras. En la Biblia hallamos más de setenta y cinco referencias, tanto en el Antiguo Testamento como en el Nuevo Testamento, de la sanidad de Dios en aquellos que la procuraron. He hecho una lista con unos cuantos versículos para ayudarte a ver la forma en la que Dios responde a aquellos que buscan su sanidad y la seguridad que resulta de poner nuestra vida en sus manos.

Entonces Abraham oró a Dios, y Dios sanó a Abimelec y permitió que su esposa y sus siervas volvieran a tener hijos (Génesis 20.17).

Isaac oró al SEÑOR en favor de su esposa, porque era estéril. El SEÑOR oyó su oración, y ella quedó embarazada (Génesis 25.21).

Él fue traspasado por nuestras rebeliones, y molido por nuestras iniquidades; sobre él recayó el castigo, precio de nuestra paz, y gracias a sus heridas fuimos nosotros sanados (Isaías 53.5).

Su fama se extendió por toda Siria, y le llevaban todos los que padecían de diversas enfermedades, los que sufrían de dolores graves, los endemoniados, los epilépticos y los paralíticos, y él los sanaba (Mateo 4.24).

Un hombre que tenía lepra se le acercó y se arrodilló delante de él.

—Señor, si quieres, puedes *limpiarme —le dijo.

Jesús extendió la mano y tocó al hombre.

—Sí quiero —le dijo—. ¡Queda limpio!

Y al instante quedó sano de la lepra (Mateo 8.2-3).

¡Mujer, qué grande es tu fe! —contestó Jesús—. Que se cumpla lo que quieres. Y desde ese mismo momento quedó sana su hija (Mateo 15.28).

La tomó de la mano y le dijo: *Talita cum* (que significa: Niña, a ti te digo, ¡levántate!). La niña, que tenía doce años, se levantó en seguida y comenzó a andar. Ante este hecho todos se llenaron de asombro (Marcos 5.41-42).

Él tomó de la mano al ciego y lo sacó fuera del pueblo. Después de escupirle en los ojos y de poner las manos sobre él, le preguntó: —¿Puedes ver ahora?

El hombre alzó los ojos y dijo:

—Veo gente; parecen árboles que caminan.

Entonces le puso de nuevo las manos sobre los ojos, y el ciego fue curado: recobró la vista y comenzó a ver todo con claridad (Marcos 8.23-25).

Pues para que sepan que el Hijo del hombre tiene autoridad en la tierra para perdonar pecados —se dirigió entonces al paralítico—: A ti te digo, levántate, toma tu camilla y vete a tu casa. Al instante se levantó a la vista de todos, tomó la camilla en que había estado acostado, y se fue a su casa alabando a Dios (Lucas 5.24-25).

Cuando estaba por entrar en un pueblo, salieron a su encuentro diez hombres enfermos de lepra. Como se habían quedado a cierta distancia, gritaron:

—¡Jesús, Señor, ten compasión de nosotros!

Al verlos, les dijo:

—Vayan a presentarse a los sacerdotes.

Resultó que, mientras iban de camino, quedaron limpios (Lucas 17.12-14).

En los versículos enumerados más arriba destacan cinco lecciones importantes. Primero, que Dios sanaba a la gente para glorificarse a sí mismo. Segundo, que el poder de Dios no solo tocaba el cuerpo físico, sino que también tenía un impacto psicológico y espiritual. Tercero, que a veces la respuesta del Señor era inmediata. Otras veces, su contestación llegaba a través de un proceso y a lo largo de un periodo de tiempo. Cuarto, que Dios sanaba a la gente porque les tenía reservado un destino que cumplir. El resultado de su curación les proporcionaba el tiempo y la capacidad de realizar algo que, de otro modo, no habrían podido hacer. Finalmente, aquellos que buscaban la sanidad de Dios eran genuinos y sinceros en sus peticiones.

Cuando aplicamos estos principios a nuestra vida, podemos esperar que Dios nos dé las soluciones para las enfermedades a las que nos enfrentamos para glorificar su nombre. Podemos tener la expectativa de que Dios nos restaure emocional y espiritualmente a pesar de las dolencias que nos afecten. Si creemos que Dios ha establecido un destino para que nosotros lo cumplamos, Él nos dará la capacidad y el tiempo necesario para llevarlo a cabo. Podemos estar seguros de que si nuestro corazón es genuino y sincero, Él obrará en todos los frentes para aportarnos respuestas a los retos que tengamos que afrontar.

Hoy, en el cristianismo, existen diferentes interpretaciones con respecto a la forma en que Dios contesta la oración y en la definición de la sanidad divina. Algunos pueden negar que Dios utilice una operación o la medicina para restablecer la vida de alguien. Para ellos, solo la ciencia moderna merece el crédito exclusivo. Algunos pueden argumentar que Dios apenas sana a algunas personas y que rara vez interactúa con la humanidad. Esto no podría encontrarse más lejos de la verdad. En los casos mencionados en la Biblia, Dios respondió la oración utilizando los medios de los que disponía. Aún me queda por descubrir un versículo en el que volviera la espalda a alguien que hubiese depositado su confianza en Él.

Si necesitas sanidad en tu cuerpo, alma o espíritu, pon tu mano sobre el lugar en el que tengas la enfermedad. Si tu dolencia es emocional o espiritual, colócala sobre tu corazón. A continuación, haz esta oración cada día con la esperanza de que habrá un avance significativo. En la Biblia existe una recopilación de las distintas peticiones de aquellas personas que rogaron a Dios que los sanara y restaurara.

La oración para pedir sanidad

Señor, someto mi vida y mi corazón a tu voluntad. Te pido que sanes mi cuerpo y quites la fuente de esta enfermedad. Dame consuelo y rejuvenece cada una de mis células. Provee tu clara solución para la dolencia que está afectando mi cuerpo, alma y espíritu de manera que pueda vivir y no solo sobrevivir. Restaura cada área de mi ser y ayúdame a reconocer el momento en que llegue tu solución. Deposito mi vida en tus manos y rechazo el ataque del enemigo sobre este templo del Espíritu Santo. Te lo ruego en el nombre de Cristo, amén.

Esta oración general nos ayuda a pedir a Dios por cualquier necesidad física, emocional o espiritual que necesite sanidad. Las tres áreas siguientes tratan este tema con mayor detalle en caso de que te estés enfrentando a una cuestión importante. Estas áreas incluyen la sanidad de espíritu, alma y cuerpo.

II. Cómo sana el poder de Dios tu espíritu, tu alma y tu cuerpo

1. Experimenta la sanidad de Dios en tu espíritu

A los efectos de este capítulo daremos por sentado que los seres humanos somos tricotómicos, es decir, que consistimos en tres partes: espíritu, alma y cuerpo. «Ciertamente, la palabra de Dios es viva y poderosa, y más cortante que cualquier espada de dos filos. Penetra hasta lo más profundo del alma y del espíritu, hasta la médula de los huesos, y juzga los pensamientos y las intenciones del corazón» (Hebreos 4.12). El espíritu está formado por la conciencia, la creatividad y la intuición o sensibilidad espiritual. El alma es todo aquello que es psicológico. Incluye las emociones, el intelecto y la voluntad. Utilizaré los términos *psique* y *alma* de forma intercambiable. Nuestro cuerpo físico consiste en la genética, la estructura molecular y compuestos químicos. Dado que estas tres partes se hallan entrelazadas entre sí, muchas veces una enfermedad espiritual puede afectar el cuerpo y el alma.

La aflicción espiritual es la destrucción de nuestra fe en Dios por medio de los patrones de conducta pecaminosa que abrazamos voluntariamente. Según Romanos 1.28-32, cuando la gente rechaza el conocimiento y el liderazgo del

Señor se vuelve «depravada» y empieza a «hacer lo que no deben hacer» (v. 28). Los valores enumerados aquí describen la enfermedad espiritual que aflige a las personas que rechazan el señorío de Dios en su vida.

Saúl es un ejemplo perfecto de ello. Fue alguien que apartó el dominio de Dios en su vida y, con el tiempo, se volvió completamente sordo a la voz de Dios. Un espíritu maligno le robaba la paz. Finalmente, ni David tocando el arpa fue ya un remedio adecuado. Lamentablemente, jamás se dio cuenta de que la presencia del Señor le había abandonado.

De manera inevitable, los patrones de conducta pecaminosa que las personas abrazan voluntariamente provocan la peor fase de aflicción espiritual: la incredulidad. Hebreos 3.18-19 dice así: «¿Y a quiénes juró Dios que jamás entrarían en su reposo, sino a los que desobedecieron? Como podemos ver, no pudieron entrar por causa de su incredulidad». Uno de los grandes desafíos que afrontamos en la vida no es político ni financiero. No es el abuso de sustancias ni cualquier tipo de adicción a Internet. No es el racismo ni la injusticia social. Ni siquiera es el mismísimo Satanás. Es la incredulidad. Precisamente es la razón por la cual las personas se apartan de Dios. Este es el motivo de que veamos menos milagros en esta nación que en otros países, de que el avivamiento apenas toque una congregación local. La incredulidad es la enfermedad que tiene un impacto directo sobre nuestro espíritu.

Yo no comparto lo que algunos predicadores llegan a afirmar: que la gente enferma por falta de fe. Juan capítulo 9 desaprueba este concepto. Yo más bien creo que el peligro existe cuando la enfermedad agota nuestra fe, hace que nos desalentemos. Benditos aquellos que encuentran esperanza en Cristo a pesar de sus batallas físicas. Pero mi corazón está con aquellos que dejan de creer porque el dolor los ha desgastado.

Una de las grandes tragedias que puede ocurrir como resultado de la enfermedad, la muerte y otras calamidades es la misma que llega a provocar el éxito, la fama y la prosperidad. Cuando nuestra confianza en Dios empieza a disiparse por culpa de la tragedia o del éxito, nos apartamos de quien nos creó. Y, efectivamente, es una tragedia que Dios quiere que evitemos a toda costa. Esta es la razón por la cual le preocupan la fuerza y la salud de nuestro espíritu, la faceta verdadera de nuestro ser que está conectada a Él.

La sanidad que destruyó la fe del hombre en Dios

Vivía junto al estanque, con la esperanza de recibir un milagro. De vez en cuando, un ángel del Señor descendía y agitaba las aguas. La primera persona que entrara en el estanque quedaba sanada de su enfermedad. Como este hombre era inválido, le resultaba prácticamente imposible conseguir ser el primero en sumergirse. Su gran obstáculo no era su parálisis. Era su mentalidad. Durante casi cuatro décadas estuvo viviendo en esa condición. Su enfermedad formaba ahora parte de su identidad.

Jesús caminaba entre la multitud y vio los centenares y centenares de personas que yacían alrededor esperando el movimiento de las aguas. Cuando supo que el hombre había permanecido allí durante treinta y ocho años, le preguntó:

—¿Quieres curarte?

En vez de contestar aquella pregunta directa con un «sí» o un «no», presentó una excusa a Jesús.

—Señor —respondió el hombre—, no tengo quien me ayude a entrar en el estanque cuando se agita el agua. Mientras yo intento entrar, otro lo hace antes que yo.

Jesús discernió que aquel hombre no tenía la capacidad de reconocer un milagro al verlo. Su fe no estaba en Dios. Su fe en Él se había menguado de un modo significativo. Su fe radicaba por completo en que hubiera o no una fila de gente junto al estanque. Por esa razón Jesús no discute con él ni intenta alentarle. Se limita a decir:

—¡Levántate! Recoge tu camilla y anda.

Inmediatamente, el hombre fue sanado, tomó su lecho y caminó. Era sábado.

El paralítico aún no había abandonado aquella zona cuando los judíos le alcanzaron y le amonestaron:

—Es el Sabbat. La ley te prohíbe llevar tu camilla.

Por desgracia, el alma y el espíritu del hombre no habían sido sanados. A pesar del milagro, seguía llevando profundas heridas de los treinta y ocho años de sufrimiento. En lugar de expresar gratitud, echó la culpa a Jesús por quebrantar el sábado. Respondió a las autoridades:

—El hombre que me curó me dijo: "Toma tu lecho y anda".

Los judíos preguntaron:

—¿Quién es ese hombre?».

Él no tenía ni idea, porque Jesús había desaparecido entre la multitud.

El tiempo pasó y Jesús se encontró con el hombre en el templo. Se acercó a él y le dijo:

—Ya veo que vuelves a estar bien. Más te vale que pongas en orden tu vida espiritual y dejes de pecar o te pasará algo peor.

En lugar de seguir la advertencia de Cristo, el hombre fue directamente a los judíos y explicó que Jesús era el que le había sanado. (Historia parafraseada de Juan 5 NVI).

Algunos podrán argumentar que este hombre tuvo una gran fe. Después de todo había estado esperando su milagro durante treinta y ocho años al borde del estanque, ¿no es así? Te ruego que me permitas disentir. De haber sido un gran hombre de fe, ¿por qué unió fuerzas con los fariseos e inició la conspiración para dar muerte a Jesús, según vemos en el libro de Juan? ¿Por qué le advirtió Cristo con tanta severidad que no permaneciera en sus caminos de pecado (o le ocurriría algo aún peor) mucho después de haber recibido su milagro?[1] Yo creo más bien que el milagro fue el intento que Dios hizo por sanar sus heridas que no eran físicas. Lamentablemente, el hombre rechazó la sanidad más importante de todas: la de su espíritu.

Podría parecer que aquellos que tienen un espíritu afligido funcionan bien en la sociedad, pero en lo profundo de ellos mismos están atormentados y se sienten destrozados. Faraón rechazó la voluntad de Dios una y otra vez. Aunque conocía el camino correcto, eligió sistemáticamente ir en contra del Señor con la retorcida intención de destruir una nación. En Hitler encontramos otro ejemplo. Había decidido exterminar a todo un grupo de personas. Su conciencia estaba completamente cauterizada y su espíritu se había contagiado en gran manera. El espíritu de Saúl estaba lleno de oscuridad. Persiguió a David, un hombre piadoso, por todo el país. Después de enviar a tres grupos de soldados para que le capturaran en Ramá, acabó por ir él mismo. Al llegar, se despojó de su ropa y empezó a profetizar delante de Samuel, de David y de sus soldados.

Entonces, ¿cuál es el remedio de Dios para un espíritu afligido? ¿Acaso la sanidad física? En muchos casos, así es. La sanidad física inspira la fe en Dios. En otros casos, sin embargo, tiene poco efecto en las personas. Como vemos en Juan 5, la sanidad física no aseguró la curación psicológica o espiritual. Aquel que un día fue un hombre amargado y paralítico se convirtió en un hombre físicamente sano, pero resentido. Así pues, ¿cómo sana Dios el espíritu de los rasgos negativos que encontramos en Romanos 1.28-32? La sanidad de Dios llega cuando tomamos la decisión radical de apartarnos de nuestro programa de maldad. Aparece cuando nos volvemos a Dios y hacemos todo lo necesario para seguirle. Un corazón que esté sinceramente arrepentido descubre la presencia sanadora del Creador del universo. Lo que tenían en común el paralítico, Faraón, Hitler y Saúl era un corazón impenitente. Jamás tomaron la decisión radical de seguir a Dios y hacer su voluntad.

Si tu espíritu está afligido, puedes experimentar la sanidad divina que tendrá un gran impacto en todas las áreas de tu vida. Da media vuelta y accede a hacer aquello que Dios te guíe a hacer. Esta decisión piadosa es una de las más importantes que puedes tomar en la vida, porque pondrá las cosas en claro entre tú y Dios. Un espíritu sano y piadoso promueve una psique y un cuerpo saludables.

La oración siguiente es una de las muchas que las personas que pasan por nuestras campañas han elevado al Señor. Si eres sincero en tu deseo de seguir la dirección de Dios, Él sanará las heridas de tu espíritu que han causado la confusión espiritual a la que te enfrentas. Siéntete libre de elevar esta oración tan a menudo como desees o cuando te sientas espiritualmente desconectado de Dios y guárdala como referencia para el futuro. Como ocurre con todas las oraciones, te aliento a que pongas tus propias palabras a esta oración.

Señor, he permitido que mis circunstancias afecten a mi capacidad de escoger entre lo correcto y lo incorrecto. No quiero que mi conciencia esté cauterizada. Deseo ser justo a tus ojos. Desde este momento en adelante entrego mi voluntad y acepto la tuya. Ayúdame a ver tu dirección y a llevar a cabo tu programa. Con determinación me aparto de los patrones malvados de conducta que he abrazado, para poder estar limpio delante de ti. Sana mis iniquidades espirituales y trae sanidad a mi espíritu. Te pido estas cosas en el nombre de Cristo, amén.

2. Experimenta la sanidad de Dios para tu alma

La segunda área en la que necesitamos la sanidad de Dios pertenece a nuestras emociones y a nuestra forma de pensar. Algunas veces arrastramos el dolor durante años, e incluso décadas. La amargura, la envidia, la falta de perdón y el odio hacia uno mismo son los venenos que bebemos con la esperanza de causar daño a los demás. La única afectada es, sin embargo, la persona que ingiere los venenos. Una enfermedad que aflige el alma puede tener un efecto drástico en el espíritu y el cuerpo al mismo tiempo, y puede convertirse en algo psicosomático.

Por ejemplo, una mujer que descubre su predisposición a tener cáncer de mama puede llegar a temer aunque no muestre síntoma alguno. Su miedo puede causarle fatiga, agotamiento y complicaciones con su tensión arterial. Asimismo, lo más probable es que llegue a afectar a sus relaciones y su fe en Dios. La Biblia define al corazón (alma) con calificativos como engañoso e imposible de entender (Jeremías 17.9). Nuestras emociones, por muy sinceras que puedan ser, también pueden confundirnos. Pueden hacer que perdamos la fe y que dudemos de que Dios esté verdaderamente con nosotros. El breve relato siguiente describe a un hombre que cayó en la depresión por causa de su enfermedad.

El rey Ezequías sucedió a su padre como rey de Israel y fue un hombre sincero y recto. Con el paso del tiempo enfermó y estaba a punto de morir. El Señor le envió al profeta Isaías con un preocupante mensaje: «Asegúrate de que todos tus asuntos estén en orden. Vas a morir; no te vas a recuperar».

Aquellas noticias eran devastadoras. Volvió su cara hacia la pared y oró: «Recuerda, oh Señor, que yo me he conducido delante de ti con lealtad y con un corazón íntegro, y que he hecho lo que te agrada». Luego, con el corazón roto, apoyó su cabeza contra la pared y lloró amargamente. Su enfermedad estaba afectando a su alma y su espíritu. Ezequías necesitaba un milagro físico, psicológico y espiritual.

El profeta aún no había abandonado aquellas dependencias cuando, de repente, el Señor vino de nuevo a él: «Regresa y dile a Ezequías, gobernante de mi pueblo, que su vida no acabará».

Isaías volvió al patio del rey que intentaba recobrar la compostura. Sus ojos todavía estaban llenos de lágrimas y su corazón angustiado. El profeta abrió la boca y dijo: «Así dice el SEÑOR, Dios de tu antepasado David: "He escuchado tu oración y he visto tus lágrimas. Voy a sanarte, y en tres días podrás subir al templo del SEÑOR. Voy a darte quince años más de vida. Y a ti y a esta ciudad los libraré de caer en manos del rey de Asiria. Yo defenderé esta ciudad por mi causa y por consideración a David mi siervo"».

A continuación, el profeta dijo a los que le asistían: «Preparen una pasta de higos y tráiganla». Tras preparar aquella cataplasma se la aplicaron al rey en la llaga y Ezequías se recuperó milagrosamente. Sin embargo, las palabras del profeta no fueron suficientes para convencer al rey de que todo iba a salir bien. Su sanidad física tampoco representó para él una prueba suficiente. Ezequías se sentía profundamente dolido y seguía sin estar convencido de que el Señor estuviera con él. Emocionalmente, antes de poder aceptar que Dios le había sanado, necesitaba tener mayor seguridad.

Preguntó al profeta:

—¿Qué señal recibiré de que el Señor me sanará, y de que en tres días podré subir a su templo?

Isaías podía haberle respondido: «¿Acaso no ves que te has recuperado? ¿Por qué dudas de la palabra del Señor?».

Pero, en vez de hacerlo, le contestó con compasión y dijo a Ezequías que eligiera una señal:

—Esta es la señal que te dará el Señor para confirmar lo que te ha prometido: la sombra ha avanzado diez gradas; ¿podrá retroceder diez?

El rey respondió:

—Es fácil que la sombra avance, de modo que haz que retroceda.

Su elección parece simbólica. Quería que el tiempo retrocediera porque seguía temiendo al futuro.

Entonces el profeta Isaías clamó al Señor y este hizo que la sombra retrocediera. Aquel gesto del Señor trajo sanidad a su alma y, por su misericordia, Dios alargó la vida de Ezequías en quince años más, como había prometido. (Historia parafraseada de 2 Reyes 20).

En lo referente a la sanidad física, esta historia es excepcional y no se debe considerar que constituya la regla. No obstante, ilustra una verdad más profunda que es universal y que me gustaría destacar. La enfermedad de Ezequías tuvo un efecto profundo en su estado emocional y en su fe. Esto preocupó al Señor, quien hizo el esfuerzo suplementario de sanar aquellas áreas de la vida de Ezequías. A Dios le preocupan nuestras emociones y nuestro espíritu. No escatimará esfuerzos para traer sanidad a esas áreas de nuestra vida.

¿Cómo sana Dios el alma? Nos insta firmemente a vivir una vida de perdón (Hechos 8.23; Hebreos 12.15; Efesios 4.31-32; Mateo 6.14-15; 18.21-22; Lucas 11.4; 17.3-4; Colosenses 3.13). Mientras nos neguemos a dejar ir el dolor, estaremos conectados a las personas o circunstancias que nos hacen daño. Permanecemos atados emocionalmente a la aflicción de nuestra alma.

Mucha gente viene a nuestras campañas con dolor en su

vida. En el transcurso de tres o cuatro noches descubren la sanidad espiritual de Dios que llega a través del perdón del pecado y reciben el poderoso beneficio de extender ese perdón a otros. Suele ocurrir que, al decidir perdonarse a sí mismos, a sus amigos, a sus seres queridos e incluso al Señor, ese dolor que han venido arrastrando empieza a desaparecer. Comienzan a vivir una vida de libertad. En más de una ocasión hemos visto cómo esos mismos individuos experimentaban una sanidad física como resultado de su sanidad espiritual y psicológica.

En el Nuevo Testamento encontramos pruebas de ello: «Confiésense unos a otros sus pecados, y oren unos por otros, para que sean sanados. La oración del justo es poderosa y eficaz» (Santiago 5.16).

Cuando nuestra alma se siente oprimida, es posible que el Señor no envíe a un poderoso profeta que nos traiga buenas noticias en nuestros peores momentos, pero intentará hacernos llegar un mensaje: «Estoy aquí. Te amo. Te acompañaré en este tiempo de dificultad».

Si te estás enfrentando a una enfermedad que te ha sumido en la depresión o que está desmantelando tu fe, abre tu corazón a Dios. Permítele que sane tu alma y tu espíritu. Cuando te reconcilias con el Señor, los efectos de la enfermedad física empiezan a aflojar la poderosa garra con la que sujetan tu vida y, muchas veces, en ese momento es cuando también puedes experimentar la sanidad física. Así que pide a Dios que cada día traiga sanidad a tu alma y que te libere de toda la amargura que sientes hacia otros.

La siguiente oración ha ayudado a muchas personas a experimentar un gran paso adelante sobre el poder que su aflicción ha causado en su alma y su espíritu:

Señor, si he hallado favor a tus ojos, toca todas las facetas de mi ser. Quiero ser una persona justa y fiel, que se sienta libre del veneno emocional de la ira y de la indignación. Ayúdame en mi incredulidad. Te ruego que me muestres tu amor. Ayúdame a ver que estás conmigo. Dejo ir el resentimiento y la amargura que siento hacia todos los que me han hecho daño o me han ofendido. Sana mi alma y mi espíritu, y proporciona todos los remedios necesarios para que pueda ser totalmente restaurado en mi cuerpo. Te lo pido en el nombre de Cristo, amén.

3. Experimenta la sanidad de Dios para tu cuerpo

Algunas aflicciones físicas van y vienen. Otras permanecen con nosotros durante toda una vida. Hay personas que tienen una predisposición genética a los problemas físicos, y otras a las que su entorno les afecta con facilidad. Algunos se limitan a pasar por una pastelería y engordar dos kilos y medio. Otros comen lo que quieren, fuman y beben a su antojo durante cuarenta años sin sufrir efecto adverso alguno (estoy de acuerdo: no es justo). Y, lamentablemente, *todos nos vamos haciendo mayores.*

Un milagro físico es lo que revierte los efectos de una mutación celular, un desequilibrio químico, un código genético defectuoso, un virus, una infección o una bacteria. ¿Cómo realiza Dios la sanidad física en nosotros? Merece la pena mencionar de nuevo que Él utiliza todos los medios disponibles, incluidos todos los avances de la ciencia. Si Dios usó a alguien como Faraón, ¿por qué no utilizaría la tecnología moderna para cumplir su voluntad divina? Nunca descarto cualquier puerta que Dios abra para nosotros. En realidad, todas las que Él abre para la sanidad son divinas.

Además de utilizar la medicina moderna para sanar nuestro cuerpo, también nos toca de una forma directa. Esto puede ocurrir cuando oramos, cuando otra persona lo hace por nosotros o cuando Dios dice sencillamente: «Sé sano» (Mateo 8.16; Lucas 5.24-25). Ya sea que vayamos al médico o que nos arrodillemos, necesitamos fe para creer que existe un remedio para nosotros. La ilustración siguiente destaca la importancia de creer que, realmente, Dios tiene un remedio para ti.

Cuando la mujer oyó hablar de un hombre que tenía poder para sanar cualquier enfermedad, fue gateando lentamente a través de la multitud para llegar hasta donde Él se encontraba. Había vivido en la peligrosa condición que le causaba la hemorragia que venía padeciendo durante más de una década. No sabemos con claridad si los médicos de su tiempo hicieron experimentos con ella o no, pero de una cosa estamos seguros: había gastado todo lo que tenía para conseguir una cura y, cada vez que visitaba a un médico, en lugar de mejorar iba de mal en peor.

Además, se enfrentaba a otro dilema. Según las normas sociales y religiosas de su época, cualquier persona con la que se rozara quedaría contaminada por su estado (Levítico 15.25-33). Cualquier mujer que tuviera pérdida de sangre no podía deambular a su antojo por las calles. Se le negaba el contacto con los demás.

La multitud que rodeaba a Jesús era mucho mayor de lo que ella esperaba. Cientos de personas presionaban para tocar al Sanador. Desde el perímetro exterior de la multitud, respiró profundamente y decidió alcanzar su meta de la manera menos ortodoxa. Apoyándose en manos y rodillas fue abriéndose camino como un perro a través de la vociferante multitud. A medida que iba avanzando hacia el centro de la masa de gente, también iba contaminando a más y más individuos.

En su mente, no era necesario hablar ni orar con Él. Tampoco sería necesario tocar su piel. Pensó: *Todo lo que tengo que hacer es tocar su ropa y seré sanada.* Es posible que su forma de pensar pudiera reflejar una cierta noción casi mágica bastante común en aquel tiempo.[2]

Por fin llegó al centro de la multitud y, con toda su fuerza, embistió para poder tocar el borde de su manto. De repente, una oleada de poder sobrenatural fue liberada y su hemorragia cesó de inmediato. No había ninguna duda. Dios, en su amor misericordioso y generoso hacia una mujer que había sufrido tanto, la sanó de una forma instantánea.

Al momento, Jesús se detuvo, se volvió hacia sus discípulos e indagó: «¿Quién ha tocado mi ropa?». Los discípulos parecían un tanto desconcertados por su pregunta. «Ves a esta inmensa multitud apretujándote y aun así preguntas: "¿Quién me ha tocado?"».

Sabía que de Él había salido poder de Dios sin que Él hubiera tomado la iniciativa. Alguien había pulsado el interruptor y no había pedido permiso para hacerlo. Jesús siguió mirando a su alrededor para encontrar al individuo. Finalmente, la mujer se acercó a Él llena de temor, temblorosa, y le contó toda la historia.

El Señor reconoció que ella había probado todos los remedios disponibles para verse liberada de su sufrimiento. Asimismo admitió que estaba ligeramente confundida en su forma de pensar. Sin embargo, decidió honrar su fe.

Antes de despedirla, aclaró el asunto. Observa que no dijo: «Mi ropa te ha sanado». Tampoco declara: «El poder de Dios todopoderoso te ha sanado», aunque esto fue en realidad lo que sucedió. Su respuesta lo decía todo: «Hija, tu fe te ha sanado. Vete en paz y queda libre de tu sufrimiento». (Historia parafraseada de Marcos 5.24-34 NVI).

De esta historia podemos aprender varias lecciones importantes. En primer lugar, muchas veces Dios escoge bendecirnos a pesar de nuestra forma de pensar errónea y aun de nuestra teología equivocada. El poder de Dios no depende de que nuestro paradigma esté perfectamente alineado con el suyo. Apenas le afectan la metodología o los rituales. Tal como Jesús le indicó a la mujer, no reside en la ropa ni en las posesiones que uno tenga, sino que se activa cuando depositamos nuestra fe en Él.

Él responde a nuestra fe, no a nuestro toque físico. Muchas personas piensan que ocurre algo milagroso por medio del contacto o porque hagamos algo físico. Estas cosas son gestos fabulosos e incluso poderosos, pero, en ellos mismos y de por sí, no poseen poder alguno. El poder de Dios se libera cuando depositamos nuestra confianza en Él.

La historia de esta mujer ilustra que cuando depositamos nuestra fe en Dios jamás estaremos perdiendo el tiempo. En ningún momento pasó por la mente de ella el decirle: «Señor, si es tu voluntad, estoy segura de que tienes el poder para sanarme». Lo que ella hizo fue creer que cada paso que daba para acercarse a Cristo la llevaba más cerca de su milagro, su puerta a la libertad. Recuerda solamente que, cuando sientes ganas de decir: «Dios, si es tu voluntad, tienes el poder de tocar mi vida», Él ya sabe cuál es su voluntad. Está esperando que expreses cuál es la tuya y que des los pasos tangibles hacia Él.

Podemos aprender otra valiosa lección de esta mujer. Ella esperaba que sucediera algo extraordinario. No solo creía que sería posible agarrar su manto a pesar de la abrumadora multitud, pero, como resultado de su encuentro con Cristo, algo maravilloso iba a ocurrir. Sus expectativas eran altas. Consiguió dejar a un lado los recuerdos de doce años de desilusiones y creyó que en cualquier tipo de contacto con el Sanador se hallaba la clave para empezar un nuevo capítulo en su vida. Me duele ver que muchas personas abandonan y dejan de orar por un paso adelante significativo. Los años de desilusión han nublado su fe y su capacidad de esperar los maravillosos regalos que Dios quiere concederles.

¿Qué nuevo capítulo de tu vida ansías comenzar? ¿Guardas en tu corazón una expectativa maravillosa o quizás las desilusiones y las heridas de tu pasado te impiden ver un futuro brillante y victorioso? ¿Te encuentras en medio de una batalla que has ansiado dar por finalizada durante años? Creo firmemente que tu fe depositada en Dios es una de las mayores cosas que puedes hacer para superar esos asuntos que te retienen. Tu fe en Cristo activa el poder de Dios en tu vida y sí, puedes experimentar la sanidad en las tres áreas: cuerpo, alma y espíritu.

Amigo, si te encuentras en un momento en el que necesitas un milagro físico en tu cuerpo, y hasta la fecha no hay soluciones, quiero alentarte. Enfrentarse a nuestra mortalidad nunca es fácil. Puede ser una carga muy difícil. Quiero confirmar contigo en oración que Dios te sanará, que proporcionará las respuestas médicas que necesitas o que pondrá en orden, de una forma divina, las circunstancias que transformarán tu calidad de vida. ¡Que Dios sea glorificado para que puedas cumplir su propósito y el destino que tiene para tu vida! Ojalá que, por medio de todo esto, tu espíritu y tu alma se vean enriquecidos.

La oración siguiente es bíblica y yo la he utilizado miles de veces para personas en todas las campañas, durante muchos años. Hemos visto a miles de personas sanadas como resultado de depositar su fe en Él. ¡Ojalá que estas palabras te ayuden a conectar con el Autor de la vida, que trae sanidad a aquellos que depositan su confianza en Él!

Señor, si algo pecaminoso nos está separando a ti y a mí en este momento, te ruego que me perdones para que yo pueda estar en regla contigo. Te ruego que sanes mi cuerpo de toda fuente de enfermedad y defecto. Reconozco que eres todo poderoso y que controlas todos los elementos. Recibo tu sanidad y tu intervención divinas. Rechazo cualquier plan diabólico que el enemigo tenga para mi cuerpo. Haz que mi código genético y mi estructura molecular se alineen con la voluntad de Dios en este momento. Que todo virus, infección y bacteria sean expulsados de este cuerpo, en el poderoso nombre de Jesús. Te doy las gracias porque sé que proporcionas respuestas y soluciones. Ayúdame a reconocer tu respuesta cuando esta llegue. En el nombre de Cristo te lo pido, amén.

III. Encontrar esperanza cuando no se ve un final

Dios está interesado en todas las facetas de nuestra vida. Él obra de forma constante para redimir a la humanidad de su estado caído con el fin de restablecer nuestra relación con Él. En un sentido, manifiesta este esfuerzo sanándonos espiritual, psicológica y físicamente. Cuando nos desanimamos, Él nos alienta a buscar su ayuda por medio de la oración: «¿Está afligido alguno entre ustedes? Que ore. ¿Está alguno de buen ánimo? Que cante alabanzas. ¿Está enfermo alguno de ustedes? Haga llamar a los ancianos de la iglesia para que oren por él y lo unjan con aceite en el nombre del Señor. La oración de fe sanará al enfermo y el Señor lo levantará. Y si ha pecado, su pecado se le perdonará» (Santiago 5.13-15).

Resulta fácil desanimarse cuando no hay un final a la vista. Si has llegado a este punto, intenta recordar que el tiempo de Dios y su programa son distintos de los tuyos. Su plan divino abarca una imagen mucho más amplia de lo que podríamos imaginar jamás. De alguna manera, sin embargo, Él incorpora nuestra vida a ese plan y el resultado —aunque el tiempo no se adapte a lo que nosotros deseemos— siempre forma parte de su plan perfecto (Romanos 8.28). De todos los milagros del Nuevo Testamento, ninguno ilustra este punto de una forma tan poderosa como el que relato a continuación.

El hombre agradeció la brisa de la tarde que le proporcionaba el alivio que necesitaba de aquel sol ardiente. Su piel estaba bronceada porque cada día se sentaba a la entrada del templo y mendigaba a los religiosos peatones. Era lisiado de nacimiento y, con el tiempo, se había convertido en un icono junto a la puerta llamada Hermosa.

Cerca de las tres de la tarde, dos hombres subían las escaleras que conducían a la entrada. En su típica voz monótona, pronunció su frase habitual: «Una limosna para el pobre». No sabemos con seguridad qué fue lo que llamó la atención de Pedro en aquel momento, pero está claro que vio una oportunidad para glorificar a Dios en medio del centro religioso de Israel.

—¡Míranos! —exclamó Pedro, con Juan a su lado.

Pensando que le iban a dar algo de valor material, el hombre los miró esperando recibir algo. Sin titubear ni parpadear, Pedro dijo:

—No tengo plata ni oro, pero poseo algo de mayor valor, especialmente en tu caso. ¡En el nombre de Jesucristo de Nazaret, anda!

A continuación, Pedro hizo algo atrevido. Extendió el brazo y, tomando al hombre por la mano derecha, le ayudó a levantarse. El milagro no fue progresivo. Fue inmediato. Sus piernas, tobillos y pies cobraron fuerza al instante. De un salto, se puso en pie y empezó a caminar por primera vez en su vida. Su experiencia era tan abrumadora que no podía esperar para demostrar el milagro divino que se había obrado en su cuerpo.

Así, pues, acompañó a Pedro y a Juan a los atrios del templo, saltando, corriendo y alabando a Dios con todas sus fuerzas. En pocos minutos, una multitud se agolpó alrededor de Él. Se preguntaban unos a otros: «¿Es este el mismo lisiado que ha mendigado durante años a la puerta del templo?». La legitimidad del milagro era incuestionable. Ese hombre que había pasado toda su vida como un inválido, había sido curado por el poder de Dios. (Historia parafraseada de Hechos 3.1-6 NVI).

Comencé esta historia mencionando que Dios tiene su propio programa en lo que al tiempo se refiere. ¿Cuántas veces pasó Jesús por aquella puerta durante su vida? ¿Cuántas veces vio a aquel mismo hombre mendigar? ¿Cuántas veces sintió su dolor? Es cierto. Jesús podía haberle curado muchos años antes, pero por alguna razón eligió no hacerlo. En su tiempo divino, tenía otros planes. Su mirada estaba en el futuro, cuando dos discípulos entraran al templo una tarde. Sabía que un poderoso milagro en el momento oportuno, en el lugar adecuado y el día idóneo, glorificaría a Dios de una manera distinta a lo que habría ocurrido de haberlo hecho Él.

Del mismo modo, nadie puede pretender conocer el perfecto tiempo de Dios o su forma de razonar. Yo no me atrevería nunca a decir que entiendo el motivo por el cual Dios sana a las personas en el momento en el que lo hace. Sin embargo, sí creo que la fe le agrada (Hebreos 11.6). No podría prescribir una fórmula espiritual que active el poder de sanidad del Señor. No obstante creo que nunca da la espalda a aquellos que ponen su confianza en Él (Juan 14.18).

Si te encuentras en medio de una turbulenta tormenta, sin final a la vista, Dios te dará una paz espiritual y psicológica que sobrepasa todo entendimiento. Isaías 9.6 se refiere a Él como: «Consejero admirable, Dios poderoso, Padre eterno, Príncipe de paz».

Encuentra significado en medio de la tormenta

Cuando yo asistía a la universidad, un amigo y yo manejábamos desde la casa de mi mamá de regreso al campus. Estábamos inmersos en una conversación cuando, de repente, perdí el hilo de mi pensamiento. Mi amigo me pidió que repitiera dos veces lo que había dicho. En ese momento, lo único que pude hacer fue hacer el auto a un lado y detenerme. Oleadas de pánico me inundaron. Estaba convencido de que estaba enloqueciendo. Tenía diecinueve años.

Tras varios minutos, el temor remitió, pero en mi alma se instaló el temor a sentir miedo. Me asustaba que volviera la ansiedad. Como si fuera una profecía que se autocumplía, lo hizo. Aquella semana fui a ver a un terapeuta familiar cristiano. Una vez por semana me senté con él y, de una forma piadosa, hablé de mis heridas pasadas, de mis desalientos, de la disfunción familiar y de las tragedias. Finalmente, la ansiedad desapareció, pero todavía tenía que abordar el dolor emocional que yo había estado ignorando durante años.

Durante las primeras seis semanas, no podía entender por qué Dios no hacía que todo desapareciera. Yo buscaba un arreglo rápido, pero no había ninguno. Sin embargo, después de varios meses, descubrí que la sanidad de Dios iba tomando forma lentamente en mi alma. Llevé un diario. Hablé. Oré. No fue algo inmediato; en realidad fue un proceso. Aunque fue un periodo emocionalmente inestable de mi vida, el Señor me guió y me sacó de aquella tormenta turbulenta y me llevó a un lugar seguro, estable y protegido.

Durante ese tiempo difícil aprendí una valiosa lección. Dios nos da paz en medio de la tormenta. Aprendí a decir: «Te alabaré, porque asombrosa y maravillosamente he sido hecho; maravillosas son tus obras, y mi alma lo sabe muy bien» (Salmo 139.14 lbla).

Tú, amigo mío, has sido creado de una forma asombrosa y maravillosa. Dios te ama y te guiará en tus momentos más oscuros. Ya sea que luches contra el dolor del padrastro que tienes en el dedo o contra un cáncer de fase cuatro, el Dios del universo está de tu parte. Si tienes el espíritu herido y un abismo te separa de Dios, o tu alma está llena de ansiedad, reconcíliate con Él y permite que el Príncipe de Paz transforme este oscuro capítulo de tu vida. Él te conducirá fuera de la tormenta y te llevará a un lugar seguro, estable y protegido.

¿Cómo puedo decir que Dios sana a aquellos que le buscan? La sanidad no está limitada a nuestro cuerpo terrenal. Él también sana nuestra alma y nuestro espíritu. «Él sana a los de corazón quebrantado y les venda las heridas» (Salmo 147.3 NTV). Si alguna vez tienes dudas de que Dios se interese realmente por tus circunstancias, recuerda la declaración de la misión de Cristo: «El Espíritu del Señor está sobre mí, por cuando me ha ungido para dar buenas nuevas a los pobres; me ha enviado a sanar a los quebrantados de corazón; a pregonar libertad a los cautivos, a poner en libertad a los oprimidos» (Lucas 4.18 RVR1960). De modo que, cuando pides a Dios que traiga sanidad a tu vida, ¡espera que lo haga! *¡Él es tu sanador!*

En este capítulo hemos descubierto que Dios nos provee soluciones físicas, psicológicas y espirituales cuando depositamos nuestra confianza en Él. Nuestra curación puede ser instantánea o, por el contrario, requerir un proceso. Es posible que llegue como resultado del toque divino o por medio de una medicación desarrollada en un laboratorio científico. Dios obra en todos los frentes y usa a intercesores, ministros, médicos, terapeutas y científicos que orquesten su buena voluntad para mejorar nuestra calidad de vida. ¡Lo mejor que podemos hacer por nuestra salud es depositar nuestra fe en Dios!

Las oraciones para pedir sanidad que se han enumerado en este capítulo pueden resumirse con esta sencilla oración de dos frases: *Señor, sáname. Quebranta esta aflicción que hay en mi vida y libérame.*

CAPÍTULO SEIS

La oración para pedir bendición

La milicia fue ganando velocidad en las provincias que rodeaban el país africano. Muy pronto, los tanques entraron en la capital y derrocaron el gobierno del dictador. En pocos meses, la iglesia se vio obligada a reunirse en subterráneos. Se establecieron campos de concentración en puntos estratégicos para absorber a cualquiera que se negase a aceptar el nuevo régimen. Los inconformistas fueron aislados de la sociedad y apartados de sus familias.

Los soldados llegaron a primera hora de la mañana para llevarle a uno de los campos. Sam apretó a su esposa y sus hijos en un último abrazo. Mientras los hombres le conducían al camión, sus hijos lloraban por él. Sintió un miedo y una angustia hasta entonces desconocidos. Su único crimen consistía en haber sido el pastor de una pequeña congregación. Durante dos largos años, el gobierno totalitario intentó *rehabilitarlo* junto con otros ministros cristianos, vagabundos y homosexuales.

Aunque no le golpearon en ningún momento ni le trataron con dureza, ver cómo sus compatriotas castigaban a aquellos que se negaban a comportarse del modo deseado era, cuando menos, desmoralizante. El trato era inhumano, pero él nunca se quejó.

Cuando fue liberado, su esposa e hijos le esperaban con ansia. De la misma manera que cuando le abrazaron antes de su encarcelación, ahora tampoco querían soltarlo. La reunión fue gozosa hasta que su esposa mencionó los desafíos a los que se habían enfrentado sus hijos.

—Sammy tiene problemas en la escuela —dijo su esposa.

—¿Qué quieres decir con «problemas»? —preguntó.

—El maestro le hizo ponerse en pie delante de toda la clase. Dijo a los estudiantes que la gente como él son la razón de que haya tanto sufrimiento en el mundo, porque cree en Dios —contestó.

Hasta ese momento, Sam se las había arreglado para sobrellevar la persecución, pero ver sufrir a su hijo era casi más de lo que podía soportar.

Con discreción, siguió pastoreando a un pequeño grupo de creyentes. Durante varios años los cultos de su iglesia se celebraban en sótanos de edificios abandonados. Los congregantes entraban de dos en dos a lo largo de varias horas. No había predicación ni cánticos, ni anuncios, ni tampoco clases de escuela dominical. Pasaban varias horas elevando sus oraciones en silencio.

Sam y su esposa creían que Dios proveería para sus necesidades y que un día les bendeciría, y les ayudaría a seguir adelante. Miró a su esposa y a su hijo y dijo:

—Sé que son tiempos difíciles, pero imaginen lo complicado que tiene que ser para aquellos que no conocen al Señor.

A continuación repitieron las palabras pronunciadas por Josué miles de años antes: «Por mi parte, mi familia y yo serviremos al Señor» (Josué 24.15). Oraron y pidieron a Dios su bendición y su favor.

Una semana más tarde, un dirigente local le invitó a su oficina. El edificio de cuatro plantas era el cuartel general del departamento de agricultura que controlaba a todas las granjas del país. Sam llegó temprano y subió la desvencijada escalera y caminó por el pasillo pobremente iluminado. Treinta y cinco minutos después de la hora acordada para la reunión, el dirigente apareció y le invitó:

—Pase adelante, por favor.

Sam asintió humildemente con la cabeza, entró en la oficina y se sentó. El dirigente cerró la puerta, se sentó detrás de su escritorio y se reclinó en su silla. Pasaron cinco largos segundos.

A continuación, el hombre abrió la boca, hizo una pausa y comenzó a hablar.

—Estoy al corriente de todo lo que usted ha hecho y sé dónde pasa su tiempo. También sé que cree en Dios y que enseña a las personas acerca de la Biblia.

Sam guardó silencio.

—Creo que es usted un hombre íntegro. Le voy a dar un empleo y, si lo hace bien, no tendrá que dejar de pastorear a su iglesia. En lugar de reunirse en ese edificio abandonado, pueden ustedes hacerlo en su casa. Le doy mi palabra de que nadie le molestará de ahora en adelante. Por cierto, apreciaría mucho que oraran por mí.

En cuestión de minutos, Sam vio el fruto de su fe en Dios.

Han transcurrido cuatro décadas desde entonces. Cuando hablábamos, sus ojos envejecidos se llenaron de lágrimas de gratitud. «Dios salvó mi vida y me protegió del peligro. Salvó a mi familia. Nos ha bendecido grandemente, mucho más de lo que podíamos imaginar. Mis hijos y nietos están todos sanos. Mi familia ama al Señor. Oramos para pedir la bendición de Dios y Él contestó nuestra oración».

Aquella tarde descubrí una nueva forma de definir el término *bendecir*. Muchos interpretan la bendición en forma de dinero, popularidad, apariencia atractiva y largas vacaciones. Creo que cosas como estas vienen de lo alto, pero las bendiciones de Dios son mucho mayores.

Son los beneficios espirituales, materiales, emocionales, familiares y relacionales que llegan como resultado de su favor y su aprobación de nuestra vida. En gran medida sus bendiciones son el resultado de guardar sus mandamientos.

Si deseas caminar en la bendición de Dios, este capítulo te enseñará cómo orar para pedir el apoyo y el favor del Señor sobre tu vida. Con una actitud de integridad, humildad y sinceridad, experimentarás sus bendiciones en muchas áreas. En primer lugar, echaremos una mirada a los distintos versículos que describen la bendición de Dios sobre la vida de aquellos que le buscan. En segundo lugar, consideraremos cinco áreas en las que el favor de Dios puede enriquecer nuestra vida de una forma poderosa. Finalmente, la tercera sección ofrecerá una palabra de aliento cuando nos sintamos decepcionados o derrotados. Ahora, procedamos a establecer el fundamento bíblico para la sexta oración que Dios siempre contesta: *la oración para pedir bendición.*

I. Ejemplos bíblicos de cómo Dios contesta la oración para pedir bendición

En la Biblia encontramos cientos de referencias en cuanto al favor y las bendiciones de Dios, tanto en el Antiguo Testamento como en el Nuevo. Algunos de los versículos siguientes describen cómo Dios bendice a aquellos que se lo piden. Entre ellos hay otros que declaran las bendiciones de Dios sobre aquellos que guardan sus mandamientos. Estos versículos señalan un tema primordial: Dios bendice a aquellos que depositan en Él su confianza con plena sinceridad.

Dios bendijo a Noé y a sus hijos con estas palabras: «Sean fecundos, multiplíquense y llenen la tierra» (Génesis 9.1).

Haré de ti una nación grande, y te bendeciré; haré famoso tu nombre, y serás una bendición (Génesis 12.2).

El Señor ha bendecido mucho a mi amo y lo ha prosperado. Le ha dado ovejas y ganado, oro y plata, siervos y siervas, camellos y asnos (Génesis 24.35).

Isaac sembró en aquella región, y ese año cosechó al ciento por uno, porque el Señor lo había bendecido (Génesis 26.12).

Adora al Señor tu Dios, y él bendecirá tu pan y tu agua. Yo apartaré de ustedes toda enfermedad (Éxodo 23.25).

Yo les mostraré mi favor. Yo los haré fecundos. Los multiplicaré, y mantendré mi pacto con ustedes (Levítico 26.9).

Si obedeces al Señor tu Dios, todas estas bendiciones vendrán sobre ti y te acompañarán siempre: «Bendito serás en la ciudad, y bendito en el campo. Benditos serán el fruto de tu vientre, tus cosechas, las crías de tu ganado, los terneritos de tus manadas y los corderitos de tus rebaños. Benditas serán tu canasta y tu mesa de amasar. Bendito serás en el hogar, y bendito en el camino» (Deuteronomio 28.2-6).

El Señor abrirá los cielos, su generoso tesoro, para derramar a su debido tiempo la lluvia sobre la tierra, y para bendecir todo el trabajo de tus manos. Tú les prestarás a muchas naciones, pero no tomarás prestado de nadie (Deuteronomio 28.12).

Después los sacerdotes y los levitas se pusieron de pie

y bendijeron al pueblo, y el SEÑOR los escuchó; su oración llegó hasta el cielo, el santo lugar donde Dios habita (2 Crónicas 30.27).

El SEÑOR lo protegerá y lo mantendrá con vida; lo hará dichoso en la tierra y no lo entregará al capricho de sus adversarios (Salmo 41.2).

De su plenitud todos hemos recibido gracia sobre gracia (Juan 1.16).

Estos versículos nos muestran que, cuando las personas buscan la bendición de Dios, contesta de forma favorable. Existen ciertos beneficios que se derivan de tener fe y de obedecer al Señor. Entre ellos se incluyen los dones espirituales como el poder, la protección y la unción. Otras evidencias de su bendición pueden consistir en tener una familia, una vida fructífera y un impacto positivo en los demás y en las generaciones siguientes. Algunas bendiciones pueden llegar hasta nosotros en forma de provisión material, como un aumento en las finanzas, un ascenso profesional y los dones necesarios para cumplir su llamamiento en nuestra vida. Una de las mayores bendiciones que Dios nos otorga es el aliento que nos da en tiempos de necesidad.

En los varios miles de versículos en los que he estado indagando para escribir este capítulo, no he encontrado ni un solo ejemplo en el que Dios se negara a bendecir a alguien que se lo pidiera con humildad.

¿Qué conclusión podemos sacar de estos versículos de la Biblia? Podemos estar seguros de que, cuando nos proponemos guardar los mandamientos de Dios en nuestro corazón, Él «abrirá el mismo cielo [para nosotros] y derramará bendiciones que sobrepasarán [nuestros] sueños más salvajes»

(Malaquías 3.10 [traducido de la Biblia versión inglesa MESSAGE]). Cuando buscamos el favor de Dios, sus bendiciones nos seguirán y Él respaldará nuestra vida.

Quizás no estés sincronizado con Dios y, como resultado, no estás viviendo una vida fructífera. Si te encuentras atrapado en la mera supervivencia, Dios quiere que disfrutes de una vida llena de abundancia, significado y relevancia. Si ansías experimentar las bendiciones de Dios en su plenitud, la siguiente oración es una combinación de lo que muchas personas pidieron a Dios en la Biblia. Te animo a que hagas esta oración cada día u otra con tus propias palabras. Luego, prepárate para recibir la arrolladora bendición que Él derramará sobre tu vida.

La oración para pedir bendición

Señor, quiero hallar favor en tus ojos y estar en regla contigo. Si ves que mi corazón está limpio, te pido que me bendigas espiritual, física y psicológicamente, así como en mis finanzas y mis relaciones. Concédeme tu favor sin precedentes en todas las áreas de mi vida. Ensancha mi territorio y dame la sabiduría para saber administrar las maravillosas bendiciones que tu harás llegar hasta mí. Te daré toda la gloria por las bendiciones que me concedas. Te lo pido en el nombre de Cristo, amén.

En términos generales, esta oración se puede aplicar a tu vida personal, tu profesión y tu familia. Dios responderá a tu petición de vivir una vida bendecida y llena de significado. Si necesitas dar un paso adelante en un área específica, la sección siguiente será de gran beneficio para ti. He perfilado cinco áreas distintas que ofrecen una perspectiva piadosa de la oración para pedir bendición. Incluyen las bendiciones de

Dios para tu familia y tus hijos, tu trabajo y tu productividad, tus necesidades, tus finanzas, tu propósito y tu llamamiento divinos.

II. Cinco áreas en las que las bendiciones de Dios pueden enriquecer profundamente tu vida

1. Experimenta la bendición de Dios sobre tu familia y tus hijos

Cuando las familias caen en patrones de disfunción que perjudican, el efecto puede ser devastador en las tres o cuatro generaciones siguientes. Cuando un padre enseña a su familia que seguir a Dios es una pérdida de tiempo, sus hijos crecen transmitiendo ese valor a sus hijos. O cuando un padre es un maltratador físico, sus hijos tienen muchas probabilidades de convertirse en alguien igual que él. Muchas veces, el ciclo de destrucción se repite generación tras generación. Las bendiciones de Dios apenas llegan a una familia cuando está atrapada en patrones de conducta pecaminosa.

Por otra parte, cuando una familia decide guardar los mandamientos de Dios, inevitablemente rompe el ciclo vicioso que ha asolado las generaciones anteriores y pone en marcha el favor de Dios sobre su vida y las generaciones futuras. «No te inclines delante de ellos ni los adores. Yo, el SEÑOR tu Dios, soy un Dios celoso. Cuando los padres son malvados y me odian, yo castigo a sus hijos hasta la tercera y cuarta generación. Por el contrario, cuando me aman y cumplen mis mandamientos, les muestro mi amor por mil generaciones» (Éxodo 20.5-6). Todas las familias quieren romper las ataduras de los patrones destructivos que mantienen su disfunción. El siguiente relato destaca mi deseo como adolescente de experimentar las bendiciones de Dios y la victoria en mi familia.

«La bendición de Dios viene de una relación auténtica con el Creador del universo —dijo—. Si quieres vivir, no solo sobrevivir, es necesario que camines con el Señor y que le dejes que guíe tu vida». Estas fueron las palabras de la madre de mi amigo que sintió amor de Dios por mí durante un tiempo en el que mi familia estaba inmersa en una situación muy difícil. Me estaba quedando con ellos mientras mi mamá se casaba con su novio de toda la vida en Reno, Nevada. Esta era la sexta vez que iba al altar para decir: «Sí, quiero».

Varios años antes, mamá y yo nos habíamos mudado a una comunidad de la montaña donde intentamos volver a empezar nuestra vida. Yo tenía trece años. Mi padre recorría un largo camino para verme cada dos fines de semana y el novio de mi madre venía todos los fines de semana. Aunque yo me adapté bien a la nueva escuela secundaria, mamá luchaba por hacer amistades. Muchas noches ahogaba su soledad en una botella de vino. La disfunción dejó su huella en nuestra familia, pero Dios tenía otros planes.

La noche en la que oí las palabras acerca de caminar con el Creador del universo, algo resonó dentro de mí. Cuando mis vecinos me invitaron a asistir con ellos a la iglesia, acepté. Fue entonces cuando todo cambió. Un milagro desencadenó una revolución interna. Al principio casi no había evidencia de transformación en mi vida, pero a lo largo de los meses y años que siguieron, la redención de Dios tuvo un profundo impacto en mi vida. Su bendición marcó mi vida en todos los sentidos, ¡especialmente en mi familia!

Cuando Dios llega a una persona solamente en una familia, su poder empieza a alcanzar las generaciones pasada, presente y futura. Es obvio que la bendición de Dios sobre mi vida ha tenido un impacto sobre mis hijas. Su bendición sobre sus vidas ha repercutido en mis padres. Mi madre se convirtió en una ferviente seguidora de Cristo y su vida ha cambiado por completo. Se ha mantenido sobria durante quince años. Mi padre se casó con una persona que ama al Señor y asisten juntos a la iglesia cada semana.

El amor, la estabilidad, la paz y *el respeto* son palabras que ahora puedo utilizar para describir a mi familia. Antes de que el Señor formara parte de nuestras vidas, todo era completamente distinto. El poder de Dios detuvo la locura y trajo la bendición donde antes solo había caos. Dios ha bendecido a nuestra familia ¡y también lo hará con la tuya!

El único hombre que Dios consideró merecedor de su bendición

Imagínate un mundo lleno de perversión, inmoralidad sexual y maldad. El Señor estaba muy decepcionado por el comportamiento del hombre y lamentó haberlo creado. Por ello dijo: «Voy a borrar de la tierra al ser humano que he creado. Y haré lo mismo con los animales, los reptiles y las aves del cielo». Sin embargo, hubo un hombre que halló favor a los ojos del Señor. Su nombre era Noé.

El Señor le dio instrucciones para hacer un arca en la que hubiese suficiente espacio para una pareja de cada una de las criaturas vivientes para que pudieran sobrevivir al gran Diluvio que destruiría toda vida. «Tú y tus hijos, tu esposa y tus nueras estaréis a salvo», afirmó el Señor. Noé hizo todo lo que el Señor le ordenó. Luego, el Diluvio barrió toda vida de la faz del planeta.

Cuando las aguas se retiraron Dios dijo a Noé: «Sal del arca junto con tus hijos, tu esposa y tus nueras. Saca también a todos los seres vivientes que están contigo para que se multipliquen sobre la tierra y sean fecundos y llenen la tierra».

Entonces el Señor bendijo a Noé y a sus hijos diciendo: «Sean fecundos, multiplíquense y llenen la tierra. Todo lo que se mueve y tiene vida, al igual que las verduras, les servirá de alimento. Yo les doy todo esto». A continuación, el Señor hizo una promesa que impactó a toda la humanidad por todas las generaciones: «Nunca más será exterminada toda vida por un diluvio. Cada vez que aparezca el arco iris entre las nubes, yo lo veré y me acordaré del pacto que establecí para siempre con todos los seres vivientes que hay sobre la tierra». (Historia parafraseada de Génesis 6—9 NVI).

Con la ayuda de Dios, Noé sacó a su familia de un entorno perverso e impío y los llevó a un lugar en el que abundarían las bendiciones de Dios. Desde el tiempo en el que Dios estableció su pacto con Noé no ha vuelto a haber un diluvio mundial. Noé buscó el favor de Dios y Él le bendijo a él y a su familia, utilizándolos para cambiar el mundo para siempre. Durante más de cuatro mil años, centenares de generaciones han recibido las bendiciones que Dios inició con la familia de Noé. La evidencia de esa bendición es una señal en forma de arco multicolor que cruza el cielo y que seguimos viendo.

Amigo, si estás buscando las bendiciones de Dios para tu familia, busca su favor. Deja a un lado todo lo que pueda provocar un abismo entre Dios y tú, y Él contestará tu sincera petición.

Si deseas romper los patrones de una conducta destructiva que ha tenido un impacto sobre tu familia, el Señor te demostrará su poder para quebrar el ciclo. Él te ama y guardará su promesa. Aunque tú y tu familia estén atravesando aguas profundas en este momento preciso, Dios pintará su arco iris en el cielo de sus vidas.

La oración siguiente te ayudará a liberarte de todo lo que ha acosado a tu familia para que puedas empezar a caminar en sus bendiciones:

Señor, te pido que rompas todo patrón destructivo de conducta generacional que ha afectado a mi familia. Borra de mi familia toda tendencia al mal abrazada por generaciones anteriores, para que tu favor y tu bendición puedan reposar en las nuevas generaciones y en todos los que vendrán después. Bendice a mi esposa, mis hijos, mis padres y hermanos con tu salud, tu protección, tu provisión y tu dirección. Llénalos de tu presencia y que su relación contigo florezca. Te lo pido en el nombre de Cristo, amén.

2. Experimenta la bendición de Dios sobre tu trabajo, tu profesión y tu productividad

Cuando las personas son diligentes en sus intentos de ser productivas, el Señor recompensa sus esfuerzos (Proverbios 12.11). Él bendice a todos aquellos que trabajan duro para mantener a su familia (Proverbios 31.15, 31). Esto es cierto si trabajas en una corporación secular, en una organización no lucrativa o si sirves en una iglesia local (1 Corintios 15.58). Hasta la fecha, en ninguno de los países donde he servido como misionero he visto a ningún individuo que sea muy trabajador y que esté pasando hambre.

Existe una distinción entre la bendición de Dios sobre *nosotros* por nuestros esfuerzos y la bendición de Dios sobre nuestros *esfuerzos*. Si somos diligentes y sinceros, Él bendice ambas cosas.

Estoy completamente seguro de que te has tenido que enfrentar a alguna oposición cuando procurabas producir resultados en tu profesión. Las economías se vuelven flojas. Las burocracias ralentizan las cosas. Las culturas cambian la forma en la que funcionan las sociedades. Sin embargo, puedes estar seguro de que si estás haciendo lo moralmente correcto y lo que Dios aprueba, Él estará contigo cualquiera que sea la oposición. Dios te llama con un propósito y te da los talentos necesarios para que lleves a cabo la tarea. Parte de ese propósito es el trabajo que desempeñas, la profesión que elijes y la productividad que resulta de tus esfuerzos. Él no te llevará jamás por un camino para abandonarte. Te ayudará a ser fructífero (Juan 15.1-5).

La bendición de Dios es imparable

Ciro, rey de Persia, promulgó un decreto y concedió permiso a los israelitas para que reedificaran el templo en el año 538 a. C. Envió a Zorobabel para que acometiera esa tarea con cuarenta y dos mil judíos. El rey les dio todos los artículos que pertenecían al templo del Señor que Nabucodonosor había traído de Jerusalén cuando los tomó cautivos.

La gente que se estableció en Jerusalén cuando los judíos estaban en el exilio oyó que los israelitas estaban reedificando el templo y empezaron a desbaratar sus esfuerzos. Los intimidaron, hicieron falsas acusaciones y se las arreglaron para convencer al rey de detener la construcción. Durante cinco largos años, el proyecto del templo estuvo paralizado.

Zorobabel tenía otro problema. Para poder completar la tarea, tuvo que desenterrar una piedra de remate (el toque final) de una montaña y, de algún modo subirla hasta el punto más alto del templo. Carecía de ejército, de dinero, de apoyo y de energía.

Fue entonces cuando el Señor envió al profeta Zacarías para alentarle con estas palabras: «No con ejército, ni con fuerza, sino con mi Espíritu, ha dicho Jehová de los ejércitos. ¿Quién eres tú, oh gran monte? Delante de Zorobabel serás reducido a llanura; él sacará la primera piedra con aclamaciones de: Gracia, gracia a ella. Vino palabra de Jehová a mí, diciendo: Las manos de Zorobabel echarán el cimiento de esta casa, y sus manos la acabarán» (Zacarías 4.6-9).

De hecho, Dios bendijo sus esfuerzos. Zorobabel, los profetas, los sacerdotes y el resto de los israelitas tomaron sus herramientas y empezaron a trabajar de nuevo. Cuando el rey Darío llegó al poder, los hostiles gobernantes vecinos fueron a Zorobabel y a los líderes y preguntaron: «¿Quién les autorizó a reedificar este templo y a restaurar su estructura?». Él les contó todo. Así, pues, cuando los gobernantes enviaron su informe al rey, este buscó en sus archivos y encontró el decreto que el rey Ciro de Babilonia había promulgado dieciséis años antes.

Entonces Darío declaró: «Dejen que el templo sea reedificado para que sea un lugar donde se ofrezcan sacrificios y se coloquen sus cimientos. El tesoro real correrá con todos los gastos». A continuación dijo a los gobernantes que no interfirieran en los trabajos de construcción. Finalmente advirtió: «Cualquiera que altere este decreto, se le arranque un madero de su casa, y alzado, sea colgado en él» (Historia parafraseada de Esdras 1—6 NVI). Por medio del profeta Zacarías Dios hizo una promesa a los que trabajaban duro para edificar el nuevo templo. El Señor cumplió su promesa. Bendijo los esfuerzos de Zorobabel y, en el año 516 a. C., se terminó el segundo templo. No hay oposición —ni siquiera la política— que pueda impedir que Dios bendiga a aquellos que escoge.

¿Estás buscando la bendición y el favor de Dios sobre tus esfuerzos? ¿Sientes oposición en tu profesión, tu ocupación o tu llamamiento? De ser así, pide a Dios que te respalde en esta área de tu vida. Pídele que te bendiga para que puedas producir un fruto que haga la diferencia, que dure. He investigado los distintos pasajes en los que algunos individuos pidieron al Señor que bendijera sus esfuerzos. La oración siguiente es una recapitulación de estos versículos:

Señor, ayúdame a ver cuál es tu perfecta voluntad para mi vida. Que todo lo que yo haga glorifique tu nombre. Bendice mis manos, mi mente y mis palabras para que pueda convertirme en alguien que produce frutos que superen la prueba del tiempo. Quiero que el resultado final de la obra de mi vida cuente para algo piadoso y eterno. Ayúdame a conectar con tu llamamiento y tu propósito para mi vida y que mi objetivo sea estar en armonía con tus planes. Rechazo toda estrategia malvada que el enemigo utilice para desalentarme a la hora de cumplir tu voluntad. Me opongo a su intimidación y sus distracciones. Sé que tú me recompensarás por mis esfuerzos y te agradezco por tus bendiciones y tu favor sobre mi vida. En el nombre de Cristo te lo pido, amén.

3. Experimenta la bendición de Dios en tu tiempo de necesidad

La soberanía de Dios sugiere que se anticipa a nuestras necesidades mucho antes de que las tengamos. Estas son buenas noticias, porque hay momentos en los que llegamos a un punto en nuestro viaje y necesitamos respuestas verdaderas y soluciones viables. Es entonces cuando podemos contar con Él para responder de un modo que posiblemente no esperamos.

Hace unos meses mi amigo me llamó y me comentó: «Una iglesia de otro estado me ha invitado a ser su pastor. Mi familia y yo hemos estado orando y he decidido aceptar su invitación. Sé que te estoy avisando con muy poco tiempo. ¿Podrías predicar tú los cuatro domingos siguientes hasta que el consejo pueda encontrar un pastor interino?». Accedí sin titubear.

Tras el culto del primer domingo, el consejo me pidió que recibiera los diezmos y ofrendas que se recogieran durante los cultos de los siguientes domingos que permaneciera con ellos. Me alegraba poder ayudar.

Una semana más tarde estaba en el púlpito y abrí mi Biblia por Malaquías 3.11. Leí cómo el Señor reprenderá al devorador si somos fieles con las ofrendas que le hacemos. Entonces me detuve y dije: «Hermanos, he sido fiel con mis diezmos, porque necesito la ayuda de Dios. Tenemos un auto que tiene ya cuatrocientos mil kilómetros. Como pueden ver, necesito que el Señor reprenda al devorador». Todos se rieron.

Después del culto, un hombre mayor se acercó a mí.

—Jason, ¿de veras estás manejando un auto con 400.000 kilómetros? —me preguntó.

—Por supuesto —respondí.

—Está bien. Voy a orar para que el Señor te bendiga con otro coche, porque esa cosa tiene los días contados.

—El coche está bien, en serio —le dije.

Cuatro días más tarde recibí una llamada telefónica de mi amigo Don Judkins para invitarme a la celebración de su cincuenta aniversario de matrimonio que tendría lugar el fin de semana siguiente. Me dijo:

—Jason, he comprado un coche nuevo para Maxine como regalo de aniversario.

—Eso es fantástico —respondí.

—Puedes quedarte con su coche viejo si quieres. Tiene poco más de ochenta mil kilómetros. ¿Qué te parece?

—¡Si no tengo que pagar por él, es para mí! Muchas gracias. Me lo quedo.

Manejamos hasta el lugar donde se celebraba la fiesta de aniversario y volvimos en un coche que estaba como nuevo (sobre todo si lo comparábamos con nuestro propio coche). El siguiente domingo por la mañana me acerqué al hombre que me había dicho que oraría por mí. Le comenté:

—Bueno, el Señor respondió sus oraciones, porque esta mañana hay un automóvil nuevo en el aparcamiento.

Su rostro se iluminó.

—¿Lo dice de verdad? —preguntó.

—¡Vaya y compruébelo usted mismo!

Cuando vio el auto estaba más entusiasmado que yo mismo.

Varias semanas más tarde, nuestro viejo auto de 400.000 kilómetros empezó a dar problemas y el motor se bloqueó totalmente y murió, pero no fue antes de que Dios proveyera.

Una persona oró. Otra regaló. El Señor nos bendijo con la respuesta en el momento oportuno. Pero todo empezó con la oración.

¿Existe alguna duda en tu corazón con respecto a que Dios te bendecirá con una respuesta cuando le pidas algo? Cuando te encuentras en una de las intersecciones de la vida y tienes una necesidad importante, ¿crees realmente que Dios te dejará sin solución alguna? Si es así, quizás sería el momento de preguntarte qué es lo que crees acerca del carácter de Dios. ¿Es un Dios de amor? ¿Es un Dios de provisión? ¿Es un Dios de misericordia? ¿Es un Dios que se preocupa de tus necesidades? Si eres una persona sincera y esperas que Él te ayude, Él proporcionará las respuestas y las bendiciones que te lleven al otro lado.

En un largo linaje de reyes mencionado en la Biblia, dos versículos destacan a una persona. Se desconoce si su padre estaba vivo o no en el momento de su nacimiento. La ausencia de un padre explicaría la tristeza y la aflicción de su madre, significado del nombre que ella le dio a su hijo. Cuando creció, él elevó una oración: «¡Oh, si en verdad me bendijeras, ensancharas mi territorio, y tu mano estuviera conmigo y me guardaras del mal para que no me causara dolor! (1 Crónicas

4.10 LBLA). Y así fue; Dios contestó su oración. Su nombre era Jabes.

Venció el dolor de su juventud y la desgracia de sus hermanos. Creyó que Dios le bendeciría y que ensancharía su territorio, y el Señor contestó su oración. No dejó que el dolor de su juventud distorsionara su visión de un Dios bueno y amoroso. Quizás tu pasado esté lleno de tristeza y frustración. En tu momento de necesidad puedes clamar al Señor. Quiero desafiarte a que hagas la oración siguiente con convicción durante los próximos treinta días. Creo que en los próximos días y semanas podrás ver avances extraordinarios en tu vida como resultado de convertir esta plegaria en una costumbre diaria.

Señor, tú conoces mis necesidades y ves mi corazón. Te pido que proveas una solución para esta importante cuestión a la que me enfrento. Haz que tu respuesta y tu dirección sean claras para que yo pueda entenderlas. Abro mi corazón para recibir todas y cada una de las bendiciones que quieras enviarme. Mantén tu mano sobre mi vida y me comprometo a darte todo el crédito y la gloria a ti. En el nombre de Cristo te lo pido, amén.

4. Experimenta la bendición de Dios sobre tus finanzas

Las clases altas, medias y bajas tienen, todas ellas, algo en común: problemas monetarios. Los ricos protegen constantemente sus bienes frente a los impuestos, los pleitos, las apropiaciones indebidas y los ardides fraudulentos. La clase media lucha por conseguir suficiente dinero para poder retirarse un día sin temor de verse en la calle. El pobre solo quiere mantener la cabeza fuera del agua. Las finanzas han sido siempre una de las cuestiones más temibles a las que nos enfrentamos, y seguirá siendo así. ¿Por qué? Porque necesitamos dinero para casi cualquier cosa que hacemos.

Cuatro cosas a tener en mente cuando oramos para pedir a Dios que nos bendiga en nuestras finanzas

Dios no está ciego ante las dificultades económicas que soportamos. Él desea ayudarnos en nuestro tiempo de necesidad. Por tanto, ¿cómo podemos ganar el favor de Dios sobre nuestras finanzas? Mencionaré cuatro cosas que debemos tener en mente cuando oramos. Una de las formas seguras de obtener la bendición de Dios sobre nuestra economía es reconocer que no se trata de nuestro dinero. Es suyo. Nosotros nos limitamos a administrarlo (si no me crees, intenta llevártelo cuando te mueras). ¿Qué ocurre con nuestro dinero cuando dejamos de vivir? La persona designada en nuestro testamento tomará el relevo como administrador. Esto también es cierto con respecto a nuestra casa. Si no pagamos los impuestos sobre la propiedad, el gobierno nos echa del lugar. De hecho, nada de lo que el dinero puede comprar es realmente nuestro para siempre. Lo tenemos arrendado a largo plazo. Aun el gobierno que dirige el país es temporal. Administran la nación hasta que una entidad más poderosa los quita de su puesto. Una cosa es segura: Dios es el dueño de todo (Salmo 24.1).

En segundo lugar, si el Señor lo tiene todo a su disposición, ¿no quiere esto decir que nos bendecirá si nos comprometemos a ser buenos administradores? Muchos son los que oran pidiendo las bendiciones de Dios, pero muy pocos se comprometen a romper con sus malos y deficientes hábitos administrativos. En lugar de desperdiciar las bendiciones que Dios ya nos ha dado, deberíamos comprometernos en oración a administrarlos de una forma mejor. Cristo nos desafió a ser buenos administradores con estas palabras que encontramos en la parábola de los talentos: «Por tanto, quitadle el talento y dádselo al que tiene los diez talentos. Porque a todo el que tiene, más se le dará, y tendrá en abundancia; pero al que no tiene, aun lo que tiene se le quitará» (Mateo 25.28-29 LBLA). Comprométete a ser un buen administrador y Dios te bendecirá con más.

En tercer lugar, no debemos olvidar que, a pesar de nuestros sentimientos equivocados que sugieren que a Dios no le interesan nuestros asuntos financieros, Él se preocupa verdaderamente de cada aspecto de nuestra vida. Le interesa todo: desde una insignificante factura hasta los pagos por nuestro auto y nuestra hipoteca; desde los fondos para el colegio de nuestros hijos hasta nuestra jubilación. Ya sea que nos bendiga con una respuesta instantánea y milagrosa, o que provea un ingreso adicional en el trabajo, el Señor responderá a nuestras oraciones.

En cuarto lugar, si el Señor elige responder a nuestras necesidades financieras dándonos un trabajo adicional o abriendo una puerta, es necesario que estemos dispuestos a hacer nuestra parte. Algunas veces las bendiciones de Dios solo llegan después de que empecemos a movernos en una dirección concreta o que comencemos a trabajar hacia un fin específico. Santiago dice: «Pues como el cuerpo sin el espíritu está muerto, así también la fe sin obras está muerta» (Santiago 2.26). Pablo lo dice de este modo: «El que no quiera trabajar, que tampoco coma» (2 Tesalonicenses 3.10).

La bendición financiera de Dios viene de donde menos te lo esperas

En Éxodo 30.13-16, el Señor dio instrucciones a Moisés para que cobrara una cantidad a todos los varones judíos para el mantenimiento de la Tienda de reunión. A lo largo de los siglos esto evolucionó hasta convertirse en un impuesto que los romanos impusieron a aquellos que desearan conservar su identidad religiosa judía. Cada año tenían que pagar dos dracmas, el equivalente a 80 dólares.[1]

Un día, Jesús y sus discípulos visitaron una casa en Capernaúm. Los recaudadores del impuesto del templo vinieron a la puerta y Pedro salió a hablar con ellos. Como sabían que Jesús era un maestro, esperaban que fuera el candidato dentro del grupo a pagar el impuesto de las dos dracmas. Pero Él no salió a hablar con ellos. —¿Su maestro no paga el impuesto del templo? —preguntaron.

—Por supuesto que sí —respondió Pedro.

Solo había un problema: ni Pedro ni Jesús tenían dinero para pagarlo.

Cuando Pedro entró en la casa, Jesús le preguntó:

—¿Tú qué opinas, Simón? Los reyes de la tierra, ¿a quiénes cobran tributos e impuestos: a los suyos o a los demás?

—A los demás —contestó Pedro.

—Así es —afirmó Jesús—. Al fin y al cabo, ¿qué rey aplica impuestos sobre sus hijos?

Aunque el Señor no estaba de acuerdo con las prácticas religiosas y los puntos de vista teológicos de los fariseos, no le pareció que esta fuera una cuestión que mereciera ser tema de debate. En su mente, la gente tenía que pagar lo que debía. Entonces dijo a Pedro: «Para no escandalizar a esta gente, ve al lago y echa el anzuelo. Saca el primer pez que pique; ábrele la boca y encontrarás una moneda de cuatro dracmas. Tómala y dásela a ellos y paga mi impuesto y el tuyo». (Historia parafraseada de Mateo 17.24-27 NVI). El Señor no hizo que el dinero apareciera de la nada, sino que envió a Pedro a que practicara su antigua profesión, algo en lo que tuvo que adelantar un esfuerzo para compensar su milagro financiero. Esta historia ilustra que Dios es capaz de ocuparse de aquellos que caminan con Él y de las cargas financieras que estos puedan arrastrar.

Esto sigue siendo cierto hoy para ti. Cuando sientas que tus cargas financieras son demasiadas o que las exigencias a las que te enfrentas son aplastantes, no tengas temor de pedir al Señor que te ayude financieramente. No estoy sugiriendo una teología de la prosperidad, pero quiero alentarte firmemente a que seas transparente con el Señor en lo tocante a tus necesidades y que tengas la plena confianza de pedirle que te bendiga con soluciones financieras. Estoy seguro de que Dios responderá tu petición sin ningún lugar a duda. «La bendición del SEÑOR enriquece a una persona y él no añade ninguna tristeza» (Proverbios 10.22).

Si necesitas la bendición financiera de Dios sobre tu vida, la oración siguiente ha ayudado a muchas personas a que encontraran la estabilidad de la mano de Dios en medio de una turbulencia económica:

Señor, si he hallado gracia en tus ojos, te pido que proveas una solución a mi reto económico. Abre las compuertas del cielo y derrama tu bendición sobre mi vida. Enséñame a ser un buen administrador y a gestionar tus finanzas eficientemente y de un modo que te agrade. Te ruego que me confíes mayores recursos financieros para poder bendecir a otros. Ayúdame a dejar atrás este desafío y a reconocer tu respuesta en el momento en que llegue. Te lo pido en el nombre de Cristo, amén.

5. Experimenta la bendición de Dios sobre tu propósito divino y tu llamamiento

Tu *hilo de oro* es el propósito por el cual fuiste creado, la razón de que estés aquí y las cosas por las cuales se te recordará. Es el llamamiento que Dios te ha dado y tu razón de ser, aquello que te hace completamente único. ¿Has descubierto cuál es tu hilo de oro? Dios te bendecirá con dones maravillosos para que puedas cumplir tu llamamiento y tu propósito. «Alabado sea Dios, Padre de nuestro Señor Jesucristo, que nos ha bendecido en las regiones celestiales con toda bendición espiritual en Cristo» (Efesios 1.3).

Dios quiere que vivamos una vida espiritual fructífera y que tengamos un impacto eterno sobre otras personas. Ya sea que necesitemos los dones del Espíritu que encontramos en 1 Corintios 12.1-11 (servicio, trabajo, sabiduría, conocimiento, discernir los espíritus, hablar lenguas o interpretarlas, profecía, fe, hacer milagros y sanidad), el fruto del Espíritu que se describe en Gálatas 5.22-23 (amor, gozo, paz, paciencia, amabilidad, bondad, fidelidad, humildad y dominio propio), u otros dones como los de Romanos 12.6-8 (ministerio, exhortación, dar, dirigir, mostrar compasión), podemos esperar que Dios nos bendiga con cualquier recurso necesario para cumplir nuestros hilos dorados. ¿Careces de algún recurso espiritual? Pídele a Dios y Él te dará generosamente aquello que necesites sin buscar defectos (Santiago 1.5). La siguiente historia breve ilustra que Dios te da exactamente aquello que necesitas para cumplir su llamamiento y el propósito que Él tiene para tu vida.

¿Qué es lo que quieres? ¡Pídemelo y yo te lo daré! Estas fueron las palabras que Dios dijo a Salomón cuando este se convirtió en rey. Podía haber pedido todas las riquezas del mundo; ser el mejor rey o mayor conquistador jamás conocido; honor y fama. Pero no lo hizo, sino que pidió al Señor el don más poderoso de todos: la sabiduría.

Esto agradó al Señor. Reconoció que se podía confiar en Salomón, de modo que le dijo: «Te daré un corazón sabio y comprensivo, como nadie nunca ha tenido ni jamás tendrá. Además, te daré lo que no me pediste: riquezas y fama. Ningún otro rey del mundo se comparará a ti por el resto de tu vida. Y si tú me sigues y obedeces mis decretos y mis mandatos como lo hizo tu padre David, también te daré una larga vida». Dios fue fiel a su palabra. Bendijo a Salomón en todas las áreas, pero lo más importante fue que le dio el don espiritual que necesitaba para cumplir su propósito divino y su llamamiento. (Historia parafraseada de 1 Reyes 3 NTV). Dios nos da las bendiciones espirituales que necesitamos para alcanzar nuestro propósito.

¿Qué te falta para poder cumplir con tu hilo dorado? ¿Careces de sabiduría, poder, discernimiento o disciplina? ¿No tienes el fruto del Espíritu? Todas las bendiciones proceden de Dios. «Todo don deseable y beneficioso viene del cielo. Los dones son ríos de luz que caen como una cascada desde el Padre de Luz. En Dios no hay engaño ni falsedad, ni variación» (Santiago 1.17 [traducido de la Biblia versión inglesa MESSAGE]).

Te animo a que escribas cuál es tu hilo de oro y que pidas a Dios —haciendo uso de la oración siguiente— que te bendiga con los dones necesarios para que puedas cumplir su divino propósito y su llamamiento en tu vida. El Señor te equipará con todo lo que necesitas para que puedas acabar la tarea.

Señor, pongo mi vida delante de ti. Revélame tu voluntad y tu propósito divino de una forma clara e inequívoca. Abro mi corazón y recibo todo don perfecto que quieras impartirme hoy. Concédeme tu sabiduría para que pueda escoger aquello que sea piadoso. Úngeme con tu presencia para que pueda tener un impacto eterno sobre aquellos que has colocado en mi vida. Quiero ser un buen administrador de cualquier don que me hayas dado. Ayúdame a glorificar tu nombre con todo lo que hago. En el nombre de Cristo te lo pido, amén.

III. Las bendiciones de Dios y su estímulo llegarán hasta ti

Hay momentos en los que nos sentimos desilusionados porque no contamos con el apoyo de nuestra familia, los amigos o las relaciones. Cuando estamos decepcionados o solos, podemos extender nuestras manos hacia Dios y confiar en que Él vendrá a nosotros allí donde estemos. Uno de los grandes dones que Él nos da cuando nuestro ánimo ha decaído es la esperanza y el aliento.

El hombre era ciego de nacimiento. Todos los días caminaba hasta el mismo lugar, junto a la carretera, y allí mendigaba. Los discípulos le vieron y preguntaron a Jesús:

—Rabí, para que este hombre haya nacido ciego, ¿quién pecó, él o sus padres?

—Ninguno de ellos. En lugar de hacer esa pregunta quizás podrían preguntarse: «¿Cómo podemos glorificar a Dios y ayudar a este hombre?».

Entonces, Jesús se inclinó, acumuló suficiente saliva en la boca y escupió en tierra. Con los dedos fue haciendo una mezcla hasta que consiguió la consistencia adecuada y untó el barro en los ojos del hombre. A continuación le dijo: «Ve y lávate en el estanque de Siloé».

El hombre fue hasta el lugar indicado, se lavó los ojos y los abrió. En seguida sus nervios ópticos se estimularon y enviaron señales al cerebro por primera vez. Colores, dimensiones e imágenes fueron inmediatamente interpretados por la corteza cerebral. Todo un mundo nuevo apareció delante de los ojos recién desarrollados de aquel hombre.

Saltó fuera del estanque y bajó la calle con un brío totalmente nuevo en su caminar. Sus vecinos le observaron diciendo: «Ese hombre me resulta familiar. ¿No es aquel que se sentaba junto al camino y mendigaba?». Algunos estaban seguros de ello. Otros no. «¡Sí, yo soy ese hombre!», decía él con entusiasmo.

Cuando le preguntaron cómo sucedió todo aquello, él les contó todo. Cuando preguntaron dónde se encontraba Jesús, respondió que no lo sabía. Un tanto desconcertados, le condujeron directamente delante de los fariseos, porque era sábado.

Cuando los fariseos le vieron le dijeron:

—Ahora, cuéntanos todo lo ocurrido, desde el principio. ¿Cómo fue?

—Hoy, a primera hora un hombre llamado Jesús se inclinó delante de mí, escupió en tierra, me embadurnó los ojos y me indicó que me lavara en el estanque de Siloé. Así lo hice y ahora veo perfectamente —respondió él.

Algunos de los fariseos no estaban contentos.

—Ese hombre al que llaman Jesús no puede venir de parte de Dios. No respeta el sábado.

Pero otros dijeron:

—Eso es ridículo. Si fuera un hombre malo, no podría hacer cosas milagrosas como estas.

Luego, volviéndose hacia el ciego preguntaron:

—¿Qué opinas tú de ese hombre?

—Es un profeta —respondió él.

Su respuesta airó a algunos de los fariseos, hasta el punto de pensar que se trataba de una gran mentira, de una farsa.

—¿Cómo podemos saber si de verdad eras ciego?

Luego llamaron a los padres del hombre para verificar su historia. Ellos vinieron y respondieron:

—Es nuestro hijo. Nació ciego, lo que no sabemos es cómo puede ver ahora. Es mayor de edad; tendrán que preguntarle a él qué ha ocurrido.

Hicieron llamar al hombre por segunda vez para una segunda ronda de preguntas.

—Acabemos con esto de una vez por todas. Glorifica a Dios hoy y no nos vuelvas a mentir. Sabemos que ese hombre es un impostor.

—No tengo ni idea de lo que me están hablando. Todo lo que sé es que yo estaba ciego y ahora veo —respondió el hombre.

Por tercera vez preguntaron:

—¿Qué te hizo? ¿Cómo te abrió los ojos?

El hombre perdió la paciencia por la falta de inteligencia de ellos.

—Les he dicho una y otra vez, y no me han escuchado. ¿Por qué quieren oírlo de nuevo? ¿Quieren ser sus discípulos?

Al oír esas palabras explotaron.

—¿Quién te crees que somos? ¡Discípulo de ese lo serás tú! ¡Nosotros somos discípulos de Moisés! Sabemos que Dios habló a Moisés, pero de este ni siquiera sabemos de dónde ha salido.

—Esto es sorprendente. Su incredulidad es un milagro aun mayor que mi curación —replicó el hombre—. No puedo creer que no vean la verdad. ¡Nadie ha abierto jamás los ojos de un ciego de nacimiento! Si este hombre no viniera de Dios, no podría hacer algo semejante.

—¡No eres más que inmundicia concebida en pecado! ¡Cómo te atreves a hablarnos de ese modo! —exclamaron. Luego lo echaron a la calle. En realidad, él había ganado el debate, pero en aquel momento estaba completamente solo. Sus amigos y sus padres se habían marchado ya. No había nadie junto a él. Era la primera vez en la historia que se curaba a un ciego de nacimiento. Incluso a la luz de toda la evidencia, los líderes religiosos le acusaron de ser el deplorable producto del pecado y le echaron de la sinagoga.[2]

Cuando Jesús oyó lo ocurrido, al encontrarlo le preguntó:

—¿Crees en el Hijo del Hombre?

—Lo haría si supiera cómo reconocerlo. Dime quién es. Quiero creer en Él —replicó el hombre.

—Le estás mirando —respondió Jesús.

—Señor, creo —contestó el hombre, y lo adoró. (Historia parafraseada de Juan 9 NVI).

Aunque existen profundas lecciones aquí que podría mencionar, en esta maravillosa historia hay una frase que me gustaría destacar: *Cuando Jesús oyó lo ocurrido, fue a encontrarse con el hombre.* Esta frase sencilla y concisa resume el carácter de Dios y su infinito amor por nosotros. El Señor de señores se tomó el tiempo de buscar a un hombre que fue abandonado por sus amigos, ignorado por sus padres y expulsado de la sinagoga. Se salió de su camino para ir al encuentro de una persona. Dios nos busca en nuestro punto más bajo y esta es una de las mayores bendiciones que pudiéramos recibir jamás.

Él extendió sus brazos hacia Adán y Eva cuando cayeron. Envió un ángel a Elías cuando este deseaba la muerte. Perdonó a Pedro después de que le negara tres veces. Cuando nos sentimos decepcionados o derrotados, el Señor mismo toma la iniciativa de conectar con nosotros y alentar nuestro corazón. «El SEÑOR mismo marchará al frente de ti y estará contigo; nunca te dejará ni te abandonará. No temas ni te desanimes» (Deuteronomio 31.8). «¿No te lo he ordenado yo? ¡Sé fuerte y valiente! No temas ni te acobardes, porque el SEÑOR tu Dios estará contigo dondequiera que vayas» (Josué 1.9 LBLA).

Si has llegado a uno de esos momentos bajos en tu vida, no estás leyendo esto por casualidad. Ya sea que te hayas visto aislado por tu familia o rechazado por tus amigos, Dios te está buscando. Él sabe todo lo que te ha ocurrido. Quiere alentarte, bendecirte y expresar su amor por ti. Quiere preguntarte: «¿Crees en el Hijo del Hombre?». ¡Él viene a ti en este momento de necesidad para conectar contigo!

Hay dos cosas más que quisiera compartir contigo antes de concluir este capítulo. En primer lugar, independientemente de tu edad, nunca es demasiado tarde para comenzar a caminar en las bendiciones de Dios. Moisés tenía ochenta años cuando compareció delante de Faraón. Noé tenía quinientos años cuando comenzó a construir el arca. Abraham contaba con ochenta y seis años cuando tuvo su primer hijo.

En segundo lugar, recuerda siempre que eres hijo del destino. Dios ha puesto su mano sobre ti, y no estás aquí por un azar evolutivo aleatorio. Dios quería que estuvieses aquí y aquí estás. Nunca te habría puesto aquí sin una razón. Su propósito divino está por encima de cualquier sorpresa. Tiene grandes planes guardados para ti. Te bendecirá con sus dones, con puertas abiertas y proveerá recursos para que salgas de esa situación.

Entonces, ¿cómo puedo afirmar que Dios siempre contesta la oración para pedir bendición? Porque Dios no miente. Promete bendecir a todo aquel que invoque su nombre. «No hay diferencia entre judíos y gentiles, pues el mismo Señor es Señor de todos y bendice abundantemente a cuantos lo invocan» (Romanos 10-12). «Dios puede derramar bendiciones de un modo sorprendente, para que estén preparados para cualquier cosa, para todo, y que no solo estén dispuestos para lo que se necesita hacer» (2 Corintios 9.8 [traducido de la Biblia versión inglesa MESSAGE]). Por tanto, cuando pidas a Dios que te bendiga, ¡espera que lo haga! *Él es el que te bendice.*

Al repasar este capítulo vemos que hemos descubierto las múltiples maneras en las que Dios nos bendice. Según la Biblia, sus bendiciones abarcan desde tener una familia hasta vivir de forma abundante. Pueden llegar hasta nosotros en forma de progreso económico o por factor divino. Las bendiciones de Dios son todo lo que Él considera bueno, beneficioso y hermoso.

Muchas veces, las bendiciones de Dios llegan cuando nuestra familia rompe con viejas costumbres pecaminosas y Él toca a nuestros hijos, nietos y a las generaciones que siguen (Génesis 12.2-3). El Señor bendice nuestras profesiones y ocupaciones cuando realizamos un esfuerzo diligente. Él nos ayuda a ser fructíferos, nos bendice económicamente y nos ayuda en nuestro tiempo de necesidad. Nos proporciona cualquier don necesario para poder cumplir nuestra razón de estar aquí, nuestro *hilo dorado*. «Dios nos tenga compasión y nos bendiga; Dios haga resplandecer su rostro sobre nosotros» (Salmo 67.1).

Las oraciones para pedir bendición, enumeradas en este capítulo pueden resumirse con esta sencilla oración de dos frases: *Señor, bendíceme. Que tu gracia y tu favor estén sobre cada área de mi vida.*

La oración para pedir salvación

Aterricé en La Habana con otros cinco miembros de un equipo para hablar en la conferencia de ministros en la capital de Cuba. La última noche de nuestro viaje, se nos invitó a hablar en una casa-iglesia situada a las afueras de la ciudad. Salimos del vestíbulo del hotel estilo años cincuenta y pedimos al botones que hiciera señales a un taxi para que nos recogiese. El joven agarró el silbato que colgaba de su cuello e indicó a la fila de taxis que el siguiente se acercara sin dilación.

El monovolumen gris oscuro pavonado de la marca Toyota se acercó y se detuvo. De él salió un hombre de unos cuarenta años, vestido con un traje azul oscuro con corbata a juego. Su cabeza afeitada le hacía parecer más mayor de lo que era. Dio una calada más antes de tirar su cigarrillo mientras abría la puerta lateral para nosotros. «Me llamo Enrique», dijo.

Mi amigo Dan tenía las direcciones y se las entregó al conductor desde el asiento del pasajero. Los demás nos repartimos entre los asientos de la parte trasera. Llevábamos cuatro minutos de viaje cuando Dan comenzó a hacerle algunas preguntas.

—Bueno, ¿está casado?

—Lo estuve, pero estoy divorciado.

—¿Tiene hijos?

—Sí, tres. Una de ellas tiene veintipocos años. Los otros dos son adolescentes.

—¿Dice que tiene una hija de veintitantos años?

—Sí, empecé un poco pronto.

—¿Ve a sus hijos con frecuencia?

—En realidad, mi ex esposa vive cerca del lugar hacia el que nos dirigimos. Los veo una vez a la semana aproximadamente.

En ese momento, el tono de Dan se tornó más serio y dijo:

—¿Sabe? Nuestra vida es la suma de todas las decisiones que hayamos tomado hasta este momento. El Señor le ama y le quiere ayudar a rehacer su vida de nuevo. ¿Le gustaría experimentar un poderoso cambio en su vida?

—Sí —respondió Enrique—, pero no estoy seguro de cómo puedo cambiar. Mi vida es realmente complicada. Me avergüenza decir que soy uno de los mayores mujeriegos de esta isla. Ese fue el motivo de que mi esposa se divorciara de mí. Y, por si fuera poco, bebo y fumo tres paquetes de tabaco al día. He intentado dejar mi loca conducta, pero no estoy seguro de cuánto me va a costar.

Nos acercábamos rápidamente a la casa-iglesia y sabía que Dan necesitaría más tiempo para acabar su conversación con nuestro chófer. De modo que asomé la cabeza entre ellos dos y pregunté:

—¿Por qué no se une a nosotros en este compromiso que tenemos de hablar? Necesitaremos volver al hotel a las 10:00 de la noche. Si se queda, le pagaremos el taxímetro.

—¡Trato hecho! —respondió con entusiasmo.

Después de dejar atrás treinta edificios de apartamentos construidos por los rusos, llegamos a nuestro destino. Más de cincuenta personas estaban reunidas fuera de la entrada esperando que empezara el evento. Entramos en la cocina del pastor y Enrique nos siguió. Tan pronto como cruzó el umbral, se detuvo, miró sus brazos y dijo:

—¡Uau!

—¿Qué ocurre? —le pregunté.

—Creo que hay electricidad en el aire —respondió.

—¿Por qué lo dice? —inquirí.

—Porque se me han puesto todos los vellos de punta. Hay algo distinto en este lugar.

—Estará usted bien. Le prometo que no es electricidad —contesté limitándome a sonreír.

Tras una corta introducción e intercambiar saludos, el pastor y su esposa nos acompañaron a la zona del patio de su hogar. La multitud seguía creciendo hasta que casi un centenar de personas se amontonaron en las dependencias.

Nosotros seis permanecimos en pie para compartir nuestra experiencia única de cómo Dios había roto los patrones de conducta destructiva y transformado nuestra vida. Enrique se sentó en el borde de su silla y estuvo pendiente de cada palabra.

Tardé unos diez minutos en compartir mi historia. Justo antes de acabar, hice una pregunta: «¿Cuántos de ustedes proceden de una familia deshecha?». Casi la mitad de los allí presentes levantó la mano. Enrique levantó las dos suyas. A continuación pregunté: «¿Cuántos quieren liberarse de las cosas que los retienen y comenzar una nueva vida en Cristo?». Veinte personas alzaron la mano. Enrique dio un salto y dijo: «¡Yo! ¡Quiero empezar mi vida de nuevo!».

Varios de ellos preguntaron si podían compartir su historia. No vi razón para objetar, de modo que uno a uno fueron pasando al frente, hablaron delante del micrófono y dieron su testimonio. Fue entonces cuando Enrique levantó la mano.

Dijo:

—Todos han compartido algo. Yo tengo algo que decir.

—Suba aquí —le invité alargando mi mano hacia él.

Se colocó detrás del micrófono y dijo lo siguiente:

—No he hablado nunca antes por un microscopio —empezó a decir. Todos rieron—. ¿Qué es lo que he dicho? —preguntó—. De todos modos, solo quiero que sepan que soy el peor hombre de esta isla. Soy un hombre de mediana edad, mujeriego, bebedor, fumador e indisciplinado con un inmenso agujero en su corazón. Pero esta noche me ha ocurrido algo. Todo comenzó cuando veníamos hacia esta casa-iglesia. Cuando entré en la cocina, sentí algo que no había sentido nunca antes. Luego, cuando escuché las historias de aquellos a los que Dios ha ayudado a vencer las dificultades a las que se estaban enfrentando, pude ver que había esperanza para mí. Dios es el único que puede llenar el agujero de mi corazón.

Hizo una pausa, respiró profundamente y prosiguió:

—Nunca he podido pasar más de treinta minutos sin un cigarrillo. Sin embargo, he estado aquí durante dos horas y no siento ningún deseo de fumar. Las ansias han desaparecido —acabó. Todos aplaudieron.

Nos despedimos del pastor cubano y de su familia y nos dirigimos hacia el monovolumen. En el camino de regreso al hotel, Enrique se secó las lágrimas de los ojos mientras expresaba una sincera gratitud hacia Dios que quiso salvarle de sus pecados. Dijo:

—Me siento como si hubiera vuelto a nacer.

Dan le miró y replicó:

—Eso es precisamente lo que ha ocurrido.

Enrique es un ejemplo clásico de alguien que reconoció que su conducta había provocado un abismo entre él y Dios. Asimismo admitió que había hecho daño a aquellos que amaba. Quería cambiar sinceramente y lo más importante de todo es que deseaba reconciliarse con Dios.

Es posible que tengas un inmenso agujero en tu corazón. Es posible que tu forma de pensar y las cosas que has hecho hayan destruido tus relaciones y provocado el caos en tu vida. Si tu conducta ha creado una brecha entre tú y Dios, este capítulo te ayudará a hacer un puente sobre ese vacío para que puedas empezar una nueva vida.

Las siguientes páginas proporcionarán unos principios bíblicos sanos junto con testimonios de la vida real para demostrar que Dios insufla una vida espiritual vibrante en nuestros corazones cuando le buscamos, independientemente de nuestro pasado. En primer lugar, consideraremos los distintos ejemplos bíblicos de personas que se volvieron hacia Dios en busca de salvación. En segundo lugar, veremos la forma en la que la salvación de Dios impacta de forma dinámica en tres áreas de nuestra vida. En tercer lugar, estudiaremos dos individuos que perdieron la esperanza, pero cuyas vidas dieron un giro milagroso como resultado de la reconciliación con Dios. Este capítulo servirá de potente avance espiritual en tu vida. Para comenzar, establezcamos un fundamento bíblico en relación con la séptima oración que Dios siempre contesta: *la oración para pedir salvación.*

I. Ejemplos bíblicos de cómo Dios contesta la oración para pedir salvación

¿Qué es la salvación? Es la redención de un estado de perdición espiritual. Es la liberación del pecado y sus consecuencias por medio de la fe en Cristo. La Biblia se refiere cientos de veces, tanto en el Antiguo Testamento como en el Nuevo, a la salvación de Dios para aquellos que la buscan. He enumerado unos cuantos versículos para que te ayuden a ver la forma en la que Dios ve la salvación y cómo responde a aquellos que buscan su redención espiritual.

En Dios solamente espera en silencio mi alma; de Él viene mi salvación. Solo Él es mi roca y mi salvación, mi baluarte, nunca seré sacudido (Salmo 62.1-2 LBLA).

Pero yo, SEÑOR, te imploro en el tiempo de tu buena voluntad. Por tu gran amor, oh Dios, respóndeme; por tu fidelidad, sálvame (Salmo 69.13).

La polilla se los comerá como ropa y el gusano los devorará como lana. Pero mi justicia permanecerá para siempre; mi salvación, por todas las generaciones (Isaías 51.8).

Darás a luz un hijo, y le pondrás por nombre Jesús, porque él salvará a su pueblo de sus pecados (Mateo 1.21).

El Hijo del hombre vino a buscar y a salvar lo que se había perdido (Lucas 19.10).

Dios no envió a su Hijo al mundo para condenar al mundo, sino para salvarlo por medio de él (Juan 3.17).

Todo el que invoque el nombre del Señor será salvo (Hechos 2.21).

En ningún otro hay salvación, porque no hay bajo el cielo otro nombre dado a los hombres mediante el cual podamos ser salvos (Hechos 4.12).

No me avergüenzo de la Buena Noticia acerca de Cristo, porque es poder de Dios en acción para salvar a todos los que creen, a los judíos primero y también a los gentiles (Romanos 1.16 NTV).

Cristo nos rescató de la maldición de la ley al hacerse maldición por nosotros, pues está escrito: «Maldito todo el que es colgado de un madero». Así sucedió, para que, por medio de Cristo Jesús, la bendición prometida a Abraham llegara a las naciones, y para que por la fe recibiéramos el Espíritu según la promesa (Gálatas 3.13-14).

Este mensaje es digno de crédito y merece ser aceptado por todos: que Cristo Jesús vino al mundo a salvar a los pecadores, de los cuales yo soy el primero (1 Timoteo 1.15).

Estos versículos señalan un tema universal a lo largo del Antiguo y del Nuevo Testamento. Dios da salvación a aquellos que deciden, de todo corazón, apartarse de sus patrones de conducta pecaminosa y seguirle. En el Antiguo Testamento, los sacrificios preparaban el camino para que los individuos fueran salvos de las consecuencias físicas y espirituales de su conducta pecaminosa. En el Nuevo Testamento la salvación llega por medio de una relación genuina con el Salvador. Los sacrificios ya no son necesarios, por lo que Jesús hizo en la cruz. «Él es el sacrificio por el perdón de nuestros pecados, y no solo por los nuestros sino por los de todo el mundo» (1 Juan 2.2). «Y en virtud de ésa voluntad somos santificados mediante el sacrificio del cuerpo de Jesucristo, ofrecido una vez y para siempre» (Hebreos 10.10).

Entonces, ¿qué debemos hacer para recibir la salvación? Debemos reconocer sinceramente que necesitamos a Dios, hacer un esfuerzo importante para detener nuestra conducta espiritualmente destructiva y seguirle. Pablo contesta la pregunta de esta forma: «Si confiesas con tu boca que Jesús es el Señor, y crees en tu corazón que Dios lo levantó de entre los muertos, serás salvo» (Romanos 10.9). La salvación no es el resultado de una simple oración que debamos murmurar a modo de liturgia. Llega cuando decidimos sinceramente convertirle en Señor.

¿Estás buscando un nuevo comienzo? ¿Anhelas descubrir el verdadero significado de la vida? Si es así, la siguiente oración te servirá de guía para empezar una verdadera relación con Dios. Creo que, al orar de este modo, el Señor honrará tu corazón y te bendecirá con el mayor de los dones: el don de la salvación.

La oración para pedir salvación

Señor, gracias por amarme. A pesar de mis defectos, tú escogiste aceptarme como hijo tuyo. Te ruego que perdones mis pecados. Por favor, apodérate de mi corazón y permíteme comenzar una nueva vida contigo hoy. Creo que resucitaste de los muertos y, al hacerlo, venciste al pecado y a la muerte. Te pido que seas mi Salvador y mi Señor. Dame la fuerza y el valor de seguirte todos los días de mi vida. En el nombre de Cristo te lo pido, amén.

Esta oración es una guía para ayudar a cualquiera a comenzar una relación con Dios. Sin embargo, no todo el mundo se halla en el mismo lugar en la vida. Algunos de nosotros tenemos un concepto limitado de los temas espirituales. Otros se sienten perdidos y solo quieren encontrar su camino. Y también hay otros que buscan respuestas a las preguntas más duras de la vida. Finalmente, están los que sienten como si estuvieran viviendo en modo supervivencia y quieren experimentar un nuevo comienzo. En la siguiente sección trataré las dos preguntas principales con respecto al tema de la salvación. A continuación me ocuparé de tres áreas en las que la salvación en Cristo puede transformar tu vida de forma radical. Independientemente de donde te puedas encontrar en tu viaje espiritual, confío en que al terminar este capítulo el camino a la salvación verdadera esté claro para ti y que puedas iniciar la nueva vida que Dios desea que vivas. Ahora, respondamos a la pregunta que representa uno de los motivos que se esconden en este capítulo.

¿Salvos de qué?

«¡Caramba! Eso es muy profundo», me dijo mi amigo. Era una de las primeras conversaciones que había mantenido con alguien acerca de la salvación. Acababa de empezar mi caminar espiritual con el Señor y la mayoría de mis amigos eran compañeros de fiestas. Solo hacía treinta segundos que me había encontrado con mi amigo, que estaba bastante drogado a las puertas de la sala de juegos.

—¡Hey, muchacho! ¿Cómo te va? —me preguntó.

—Acabo de entregar mi corazón al Señor —contesté.

—¿Por qué has hecho eso? —inquirió lentamente mientras bizqueaba.

—Quería ser salvo.

—¿Salvo de qué?

—Del infierno sobre la tierra y el que existe en la vida después de la muerte —respondí.

—¿Por qué diablos deberías preocuparte de la vida después de la muerte? Solo tienes quince años —me replicó.

—Tal como yo lo veo, pasaré bastante más tiempo muerto que vivo —proseguí. En aquel momento la marihuana parecía impedir que entendiera lo que yo le estaba diciendo.

«¿Salvo de qué?» es la pregunta que muchas personas formulan cuando buscan respuestas sobre la vida después de la muerte. La contestación es sencilla: Cristo vino para que tuviéramos vida y que fuera de una manera más abundante. Vino a salvarnos del infierno que existe sobre la tierra y de aquel que hay después de la muerte.

Cuando digo que vino a salvarnos del infierno que existe sobre la tierra no estoy insinuando que la vida se convierta en un lecho de rosas una vez que empecemos una relación con Cristo. No es así. De alguna manera, cuando nos convertimos en seguidores suyos, la vida se torna más complicada. Nuestras relaciones se vuelven explosivas. La familia empieza a cuestionar nuestros motivos. Entonces, ¿de qué forma nos salva Cristo del infierno sobre la tierra? El peor infierno al que podemos enfrentarnos sobre la tierra procede de las consecuencias de nuestra propia conducta pecaminosa, y aquí excluimos las inusuales tragedias que puedan ocurrirnos por casualidad. Esencialmente, Él nos salva de nosotros mismos y de las necias decisiones que tomamos y que acarrean destrucción sobre nuestras vidas aquí y ahora. Esta es una de las razones por las cuales debemos convertirnos en *seguidores*. Cuando el Señor nos guía, vivimos mejor, porque las decisiones que tomamos de acuerdo con su voluntad van a favor de nuestros mejores intereses.

Asimismo, Él vino a salvarnos del tormento eterno. Toda la humanidad vive en un estado caído y Dios nos da toda una vida para que saldemos nuestras deudas espirituales y aceptemos su señorío. Si no somos capaces de aprovechar su gesto redentor antes de cruzar la línea de meta de la vida, entramos en un estado de total y completa locura en el que hay lloro y crujir de dientes por toda la eternidad (Mateo 13.42; 24.51). En ese momento, la separación de Dios, de los amigos y de los seres queridos es total. No hay paz ni gozo, ni tampoco descanso. Dios nos valora tanto que ha enviado a su único Hijo para salvarnos de un lugar semejante.

Algunos pueden preguntar: «Si Dios es tan amoroso y tan poderoso, ¿por qué no concede la vida eterna a todo el mundo?». Esta es una excelente pregunta que merece todo un capítulo completo para darle respuesta. Sin embargo, permíteme decir brevemente que Dios valora nuestra libertad de elección y no nos obliga a aceptar su voluntad cuando no queremos hacerlo. De este modo, la salvación está completamente en nuestras manos, porque somos nosotros quienes decidimos si transferimos o no la soberanía de nuestra vida a Cristo. Aunque es cierto que nadie llega a Cristo «a menos que se lo haya concedido el Padre» (Juan 6.65). Dios respeta nuestro libre albedrío y nos concede la libertad de elegir.

¿Qué debemos tener en orden para ser salvos?

Quizás no hayas ido nunca a la iglesia y la idea de unirte a una religión no te resulta necesariamente atractiva. Entre tú y yo, a mí tampoco me atrae. La religión no salva a las personas. Dios sí lo hace. Si posees poco conocimiento de los temas espirituales y te sientes fuera de tu elemento, lo único que necesitas para dar el primer paso es comenzar una nueva vida con Dios: *un corazón sincero.*

¿Por qué es esta cualidad un tema recurrente que aparece en cada capítulo de este libro? Un corazón sincero demuestra humildad. Significa entrega. Nada complace al Señor tanto como ver que somos sinceros y transparentes con Él (Santiago 5.16). La siguiente historia muestra cómo Dios perdona a aquellos que cometen equivocaciones, pero tienen el corazón en el lugar correcto.

Sus cortas piernas le convertían en una persona ágil. Era rápido con los pies y también con los números. Zaqueo era el jefe de los recaudadores de impuestos de la ciudad de Jericó y había amasado una gran riqueza, sin duda porque extorsionaba y cobraba de más a las personas que viajaban entre su ciudad y Jerusalén. Esta era una práctica común y era la razón por la cual los líderes religiosos menospreciaban a los de su profesión.

Oyó que Jesús pasaba por allí. Cristo tenía la reputación de pasar tiempo con personas cuya moral era cuestionable y esto había suscitado su curiosidad. A causa de su estatura, luchó por ver por encima de las cabezas de aquella multitud que intentaba ver a Jesús. Así pues, se adelantó corriendo e hizo algo drástico. Trepó a un sicómoro solo para poder alcanzar a ver, aunque fuera a vista de pájaro, a aquel al que todos llamaban el Mesías. Se puso de pie en una de las ramas principales y echó su brazo alrededor del tronco.

Cuando Jesús llegó casi al punto exacto en el que se encontraba Zaqueo, se detuvo, miró hacia arriba y le llamó por su nombre: «Zaqueo, baja enseguida. Tengo que quedarme hoy en tu casa». La frase causó gran conmoción en los corazones de aquellos que allí se encontraban. «¿Qué acaba de decir? ¿Es cierto que Jesús va a ir a casa de alguien que estafa a su propio pueblo?

Zaqueo estaba eufórico. Inmediatamente, bajó del árbol de un salto, aterrizó sobre sus pies y recibió a Jesús en su casa con una calurosa bienvenida. Mientras tanto, la gente seguía murmurando.

Cuando la visita llegó a su fin, Zaqueo se puso en pie e hizo una declaración sincera al Señor delante de todos los que estaban allí presentes: «Mira, Señor: Ahora mismo voy a dar a los pobres la mitad de mis bienes, y si en algo he defraudado a alguien, le devolveré cuatro veces la cantidad que sea».

Zaqueo sabía que había cometido errores y que se había aprovechado de los demás. Sin embargo, su encuentro con el Señor aquella tarde había revolucionado su corazón y sus actos.

Zaqueo provenía de la familia de Abraham, porque era judío. Después de conocer a Cristo, formó parte del reino de Dios. ¿Qué fue lo que tenía Zaqueo para poder experimentar la redención de Dios? No fue su dinero ni su agilidad. Tenía un corazón sincero y, a pesar de todas sus imperfecciones, su mala reputación y su carácter confabulador, su corazón le llevó al Salvador.

Cuando Jesús oyó su confesión sincera, reiteró cuál era su misión con voz alta y clara: «Este es el tipo de persona al que he venido a ayudar: alguien espiritualmente desconectado de Dios». (Historia parafraseada de Lucas 19 NVI).

Si te sientes perdido y rechazado, pero tienes una curiosidad sincera por saber quién es Dios, eres un candidato perfecto para encontrarte con el Salvador. No podrías estar en un lugar mejor en este momento. La salvación llegará hasta ti si tu corazón es como el de Zaqueo y tu deseo de ser salvo es sincero.

II. El profundo impacto que la salvación en Cristo puede tener en cuatro áreas de tu vida

1. La salvación en Cristo te puede ayudar a descubrir la dirección correcta para tu vida

Jesús respondió: «Yo soy el camino» (Juan 14.6).

La Biblia expresa de forma explícita que no entramos al cielo por trabajar duro o por participar en estrictos rituales (Efesios 2.8-9). Todo lo que se necesita es el deseo de caminar bajo la dirección de Dios. Sin embargo, hay dos cosas que debemos *hacer,* y estas nos ayudan a demostrar al Señor nuestro deseo de experimentar la salvación. Debemos seguir a Cristo en el sendero que Él escoja y debemos arrepentirnos de nuestra conducta destructiva (Marcos 1.15).

Zaqueo hizo lo necesario en ambos sentidos. En primer lugar, tomó la decisión de caminar por el sendero de Dios. Ya sea que empieces tu viaje espiritual desde cero, o que asistas regularmente a una iglesia, una mezquita, un templo o una sinagoga, escoger a Cristo es el camino correcto para alcanzar la salvación. Jesús dijo: «Yo soy el camino, y la verdad, y la vida. Nadie viene al Padre sino por mí» (Juan 14.6 RVR1960).

El sendero correcto

Hace algunos años, me encontraba en un viaje de misiones en las selvas que se extienden a través de la frontera entre Panamá y Costa Rica. Nos levantamos temprano y manejamos en una furgoneta destartalada que nos llevó por una sucia carretera desierta. Tras una hora y media de excursión, llegamos al río que separaba ambos países. Nos subimos a dos canoas de unos cinco metros de largo y setenta y cinco centímetros de ancho, y cruzamos el río. Cuando desembarcamos, proseguimos a pie durante varios kilómetros.

Aquel lugar estaba plagado de serpientes, escarabajos y monos. Ya bien entrada la tarde, llegamos a una bifurcación del sendero y el guía se quedó mirando un tanto pensativo. Bajó su machete y se agarró el mentón con la otra mano. Le pregunté:

—¿Se ha perdido?

—Yo nunca me pierdo.

—Sí, estoy seguro de que así es, pero ¿está usted perdido ahora? —repliqué.

—Disculpe, pero jamás en mi vida me he perdido. Yo soy el camino que le llevará a su destino —respondió. Miró a su alrededor durante unos instantes, asintió con la cabeza y dijo—: Por aquí.

Nos condujo hasta un lugar que parecía un muro de plantas y un bosque de espesa lluvia. En dos minutos consiguió abrir camino a tajos entre el complicado follaje de la selva hasta llegar a nuestro destino: un lugar de predicación que consistía en cuatro postes soldados y un tejado metálico. Estoy convencido de que, de no haber estado él allí jamás habríamos encontrado el camino.

Cuando Jesús dice que Él es el camino, no está dando a entender solamente que sea uno de los caminos para llegar al cielo. Está haciendo hincapié en que Él es el *único* camino. Escogerle a Él es lo que debemos hacer para encontrar el sendero correcto. Quizás estás yendo en la dirección equivocada y sientas la necesidad de llegar al camino correcto. Si te centras sinceramente en Él y le pides ayuda, te guiará en la dirección adecuada. Él es *el* camino cuando estás perdido.

Lo segundo que hizo Zaqueo fue reconocer el error de su forma de actuar y, con profunda convicción, se apartó de su conducta perversa. Tras su encuentro inicial con el Señor, en su corazón tuvo lugar una poderosa transformación que cambió su comportamiento interno y externo.[1]

El arrepentimiento

—Papá, me he perdido —admitió con renuencia.

—Cariño, ¡es casi medianoche! —contestó él a su hija de diecinueve años—. ¿Sabes al menos en qué ciudad te encuentras?

—No tengo ni idea —respondió ella tras una breve pausa.

Aquella mañana temprano, el patrón de su hija había montado un *stand* en una feria de alimentación situada en el aparcamiento de un centro comercial. Ella no había ido nunca a la ciudad antes de ese día. El evento había acabado a las 11.30 de la noche y, veinte minutos más tarde, sonó el teléfono.

—Tranquila, cálmate. Me quedaré al teléfono hasta que llegues a casa. ¿En qué calle estás?

—Orange.

Había seis ciudades en ese condado que tenían una calle con ese nombre. Para empeorar más las cosas, él había viajado a otro estado por negocios, de modo que un intento de rescate era impensable. Su imagen mental de la ciudad era la única forma de poder ayudarla.

—Dime el nombre de la siguiente calle por la que pases —le indicó con mucha calma.

—Hmm, se llama «Kentucky».

El padre hizo una pausa durante un instante y preguntó:

—Está bien. La siguiente calle debería ser «Main», ¿correcto?

—Sí, así es —respondió ella sorprendida—. ¿Cómo lo has sabido?

—Estoy bastante familiarizado con esa zona —replicó—. Ahora quiero que gires a la derecha en la calle siguiente, que debería ser «Penelope».

—No, papá, creo que no es así.

—Perdona, cariño, pero ¿cuál de nosotros dos está perdido?

—Hmm, ¿yo?

—¡Correcto, de modo que gira a la derecha!

—Sí, esta es la calle —comentó ella.

—Dos bloques más abajo dobla a la derecha en la calle Victoria y deberías encontrarte entre dos edificios de la universidad.

—Tienes razón, papá. ¡Gracias por tu paciencia!

Aunque iba en la dirección incorrecta, tuvo el sentido común de pedir instrucciones y la humildad de dejar de manejar en círculos. En pocos minutos estaba estacionando en la entrada de la universidad.

El mapa de la vida contiene aguas desconocidas y resulta muy fácil perdernos. Algunas veces nuestro paradigma insiste en que debemos dirigirnos en una dirección concreta, pero, al hacerlo, vamos hacia el desastre. Sin embargo, si nos arrepentimos (nos apartamos de nuestra conducta destructiva) y prestamos oído a las instrucciones de Dios, Él nos guía hacia una vida de bendición, significado y trascendencia.

Cristo es el camino, el único guía verdadero que nos puede mantener en el sendero correcto. Cuando te sientes desorientado y completamente perdido, Él dice: «No temas. Me quedaré contigo hasta que lleguemos a nuestro destino. Gira a la derecha y sigue adelante. La calle siguiente se llama Victoria».

2. La salvación en Cristo te puede ayudar a hallar respuestas

Jesús respondió: «Yo soy [...] la verdad» (Juan 14.6).

De todas las virtudes, la verdad es una de las más importantes. Sin ella, viviríamos en un completo caos. La verdad es el fundamento de nuestra vida y la más importante que Dios quiere que abracemos es sencillamente esta: Cristo es la respuesta para nuestra vida.

Lamentablemente, muchas personas están profundamente confundidas y viven guiadas por creencias infundadas que les llevan hacia el desastre. Dudan de la existencia de Dios, de la divinidad de Cristo y de la autoridad de las leyes de Dios.

A lo largo de los siglos, muchas religiones y filosofías han conducido a millones de personas a creer en medias verdades sobre la vida y lo que hay después de la muerte. Algunas enseñan que el camino al cielo es matar a aquellos que no son creyentes. Otras enseñan que el placer es lo único intrínsecamente bueno para el alma. También están los que insisten en que no hay nada después de la muerte.

Todos los líderes religiosos y filosóficos que iniciaron

estos movimientos tienen una cosa en común: están muertos. Sus tumbas contienen cadáveres. Sin embargo, la tumba de Cristo está vacía. ¿Por qué es esto tan importante? Él predijo que las autoridades le matarían y que resucitaría de entre los muertos tres días más tarde (Juan 2.18-22). A través de la Resurrección, demostró poderosamente que Él era quien dijo ser. Él es la verdad y, si creemos en Él, nos conducirá a través del complicado laberinto de la vida hasta llegar a la eternidad con Él.

En el Nuevo Testamento hubo un hombre que intentó silenciar esta verdad. Su nombre fue Saulo. Era uno de los líderes entre las autoridades religiosas de Jerusalén en el siglo I. Cuando Esteban, un piadoso seguidor, fue apedreado hasta la muerte a causa de su fe en el Señor, Saulo dio su aprobación y guardó la ropa de los verdugos. Era tan inflexible con respecto a destruir la vida de aquellos que creían en Cristo que iba de casa en casa, sacaba a hombres y mujeres a la fuerza, y los metía en la cárcel. La misión de su vida era erradicar a todos los cristianos, hasta que un día todo cambió.

El sumo sacerdote le envió a hacer una gira por toda la región para encarcelar a todos los seguidores que encontrara. Casi había llegado a Damasco cuando ocurrió algo sorprendente. Al mediodía, una luz brillante que venía del cielo resplandeció alrededor de él. Era tan poderosa que le derribó del caballo. Oyó una voz que le decía: «Saulo, Saulo, ¿por qué me persigues?». Inmediatamente, entendió que se trataba de una voz divina.

—¿Quién eres, Señor? —preguntó.

—Yo soy Jesús, a quien tú persigues —le contestó Él.

En una frase, la vida de Saulo dio una vuelta completa. El hombre que había dedicado su vida a destruir el cristianismo se encontró de repente cara a cara con el Señor soberano. Sin duda pensaría: *¡Oh, no! todo lo que yo creía ser mentira es verdad.*

La siguiente frase que Saulo oyó no fue una invitación cortés. Era la orden de convertirse en un seguidor.

—Ahora levántate y entra en la ciudad, y se te dirá lo que debes hacer —indicó Jesús.

Los hombres que viajaban con Saulo se quedaron mudos. Oyeron lo que se decía, pero no veían a nadie. Saulo se puso en pie y abrió los ojos, pero no veía nada. Tuvieron que llevarle de la mano hasta la ciudad. Allí permaneció ciego durante tres días y no comió ni bebió nada hasta que el Señor envió a alguien llamado Ananías para que orara pidiendo su sanidad. (Historia parafraseada de Hechos 9.1-9 NVI).

Saulo tenía una elección: aceptar o rechazar la verdad. Cuando se vio confrontado con la realidad de que Jesús era el Señor, dejó a un lado sus propias creencias y escogió seguirle. Saulo, que más tarde se convertiría en el apóstol Pablo, experimentó uno de los cambios más ejemplares de la historia del cristianismo. Llegó a ser uno de los primeros misioneros del cristianismo y escribió el veinticinco por ciento del Nuevo Testamento.

El testimonio de Pablo ilustra de una forma poderosa que Dios extiende pacientemente su gracia y su misericordia hacia nosotros a pesar de nuestra testarudez. Muestra que independientemente de nuestras creencias, más tarde o más temprano la verdad siempre pasará a la vanguardia. Para ser salvo no necesitas ser perfecto o tener todo un conjunto de creencias absolutamente correctas. Como Pablo, todo lo que debes hacer es entregarte al Señor y Él te guiará a la verdad. Este es el punto de partida y el paso más importante de todos. Si te sientes confuso y buscas respuestas, pide a Cristo que te abra los ojos a la verdad.

3. *La salvación en Cristo puede ayudarte a experimentar la vida*

Jesús respondió: «Yo soy [...] la vida» (Juan 14-6).

Dios quiere que tengamos vida, y que la tengamos en abundancia (Juan 10.10). Cuando le invitamos a tomar el lugar de autoridad en nuestro corazón, Él nos rescata de la muerte espiritual y el resultado final es la vida verdadera.

Jesús dijo: «¿Están cansados? ¿Agotados? ¿Quemados por la religión? Vengan a mí. Conmigo recuperarán su vida. Les mostraré cómo tener un verdadero descanso. Caminen y trabajen conmigo, vean cómo lo hago yo. Conozcan los ritmos no forzados de la gracia. No impondré nada pesado o incómodo sobre ustedes. Quédense conmigo y aprenderán a vivir de forma libre y ligera» (Mateo 11.28-30 [traducido de la Biblia versión inglesa MESSAGE]).

Trabajar duro puede quemarnos y no nos impulsará a atravesar las puertas de perla. Adherirse a los estrictos rituales religiosos tampoco nos llevarán allá. La teología creada por el hombre impone ese tipo de reglas sobre el ser humano, pero Dios no lo hace. Él busca a los que estén interesados en tener una relación real con Él.

* * *

El evento comenzó a las 8.00 de la tarde. Tras una hora de adoración y música especial, el anfitrión me invitó a subir a la tarima y me presentó de una forma cálida y amable. Hablé durante cuarenta minutos e invité a las personas a que iniciaran una relación con Cristo. Varios centenares pasaron al frente.

Un hombre, en la mitad de la cincuentena, con traje azul oscuro y corbata se abrió pausadamente camino entre el laberinto de personas hasta que llegó a los escalones de la tarima. Me hizo un gesto y yo bajé para hablar con él.

Su esclava de oro, su colonia y sus gemelos no le identificaban con la clase baja. Di por sentado que había venido directamente de su oficina.

—¿En qué puedo ayudarle? —pregunté.

—No sé qué hacer. Me siento tan abrumado —me respondió. Se le veía muy nervioso y se estrujaba las manos, mientras sus ojos recorrían toda la sala—. Venía manejando calle abajo y me sentí muy inquieto. Luego vi el letrero en la parte exterior de este edificio donde dice: «Ven y experimenta una vida nueva». Sé que lo que he hecho está mal, pero no sé adónde ir —me explicó.

—Todo va a ir bien. Ahora tómese un momento y cuénteme qué es lo que ocurre.

Él siguió hablando.

—Mi esposa ha estado viviendo sumida en una depresión durante casi veinte años. Hemos probado varios tratamientos, pero ninguno ha funcionado. En los cinco últimos años, nuestra relación se ha deteriorado de una manera muy significativa. Yo compartía mis luchas con alguien cuyo marido era maniacodepresivo. Empezamos a sentir atracción el uno por el otro y, durante los últimos seis meses, hemos tenido una aventura. Hace un mes rompí esa relación.

»Cuando era pequeño —siguió contándome—, me enseñaron que aquellas personas que hacen lo que yo he hecho arden en el infierno. No he asistido a una iglesia desde hace treinta años, pero tengo miedo de que mi vida esté acabada. Cuando vi el cartel, pensé que quizás hubiera una oportunidad para volver a empezar mi vida.

—Quiero que conozca usted a alguien —dije. Le llevé a unos tres metros hacia mi izquierda y le presenté al pastor y su esposa, que habían ayudado a miles de personas a hallar una nueva vida en Cristo. Una vez hechas las presentaciones, expliqué brevemente su historia. Los tres estuvieron charlando durante casi una hora.

Cuando terminó el culto, el pastor y su esposa me invitaron a cenar. Cuando salíamos del aparcamiento, comenté:

—¡Qué interesante la historia de ese hombre!

—Sí, pero hay un problema en ella —respondió la esposa del pastor.

—¿De qué se trata? —pregunté.

—El cartel no dice: «Ven y experimenta una nueva vida».

—¿No?

—No.

—¿Y qué dice exactamente?

—Dice: «Viernes, sábado y domingo, Jason Frenn, conferencista internacional».

Así era. Cuando pasamos por delante de la parte frontal del edificio pude constatar que en aquel cartel de tres metros y medio no decía nada acerca de experimentar una nueva vida.

Un hombre que se había sentido completamente avergonzado y que acarreaba todo un conjunto de creencias condenatorias vio un mensaje inexistente en un cartel. El resultado fue que descubrió una nueva vida en Cristo. En los meses que siguieron a aquella noche, consiguió arreglar su relación rota con su esposa que eligió valientemente perdonarle. Juntos empezaron a asistir a la iglesia local. Aunque la vida no ha sido fácil, han conocido el poder de la salvación que ha renovado su vida y les ha dado esperanza.

Si te sientes apagado y muerto, tu salvación no llegará hasta ti en un conjunto de leyes estrictas o normas que te abrumen por su nivel imposible de alcanzar. Solo la salvación en Cristo te ayudará a descubrir la verdadera vida (Gálatas

5.1). Independientemente de los errores que hayas cometido o de lo sombrío que pueda parecer tu futuro, el Señor revolucionará tu vida en maneras que jamás habrás soñado.

La oración siguiente te ayudará a comenzar hoy una nueva vida con Cristo. Quiero alentarte a que busques un lugar solitario, te tomes unos momentos y eleves la oración que te doy a continuación. Tengo la completa seguridad de que Él la escuchará y responderá. Él es el camino, la verdad y la vida.

Señor, tengo poca energía y casi no me queda esperanza. Mi pronóstico para el futuro no parece prometedor. Reconozco que necesito un cambio, así que vengo a ti ahora y te entrego mi vida de forma incondicional. Lléname de tu presencia. Dame tu fuerza. Quiero nacer de nuevo. Perdona todos mis pecados y mis errores, y te ruego que tu Espíritu Santo me capacite para vivir una vida llena de sentido y expresiva que te glorifique. Te lo pido en el nombre de Cristo, amén.

III. Dios ofrece una segunda oportunidad a todo el mundo

Jesús miró seriamente a los ojos de Pedro y le dijo:

—He orado por ti, porque del mismo modo que Satanás tentó a Job, ha puesto su mirada en ti para destruirte. He rogado por ti para que tu fe no falle. Y tú, cuando te hayas vuelto a mí, fortalece a tus hermanos.

—Señor —respondió Pedro—, estoy dispuesto a ir contigo tanto a la cárcel como a la muerte.

—Pedro, antes de que el gallo cante hoy, habrás negado tres veces que me conoces —contestó Jesús recalcando sus palabras.

Pedro no podía creer lo que estaba oyendo.

Una vez acabaron de cenar, Jesús los llevó al monte de los Olivos y les dijo: «Oren para que no caigan en tentación». Entonces se separó de ellos como unos veinte metros para poder orar a solas. No había pasado ni una hora cuando volvió y los halló a todos dormidos. «Levántense —dijo—. ¿No les dije que oraran para que no cayeran en tentación?». En ese mismo instante llegaron las autoridades, le arrestaron, y los discípulos se dispersaron.

Le condujeron a la casa del sumo sacerdote y Pedro le seguía a distancia. Algunos de los sirvientes de la familia encendieron un fuego en medio del patio y se sentaron para calentarse. Pedro se sentó con ellos. En algún momento entre las 2:00 y las 3:00 de la madrugada, una criada miró desde el otro lado del grupo y comentó: «¿No te he visto yo antes? Estabas con el prisionero». «Muchacha, no le conozco», respondió Pedro. En la distancia se oyó el canto de un gallo que anunciaba que faltaban pocas horas para el alba.

Un poco después, otro del grupo le vio de pie junto a una de las columnas y le dijo: «Tú eres uno de los seguidores del preso». «¡Eso no es cierto!», contestó Pedro. Sin que se diera cuenta, el gallo emitió la segunda advertencia. Casi una hora más tarde, desde el lugar en el que se encontraba, Pedro pudo ver al Señor de espaldas. Otro miembro del personal del sumo sacerdote se acercó a él y afirmó: «Seguro que estás con ese prisionero. Lo sé porque eres galileo». Pedro volvió a decir. «No sé de qué están ustedes hablando. ¡Déjenme ya!». Mientras aún hablaba, el gallo cantó por tercera vez. El Señor se dio la vuelta y miró directamente a Pedro. Entonces él recordó las palabras que le había dicho: «Antes de que el gallo cante hoy me habrás negado tres veces». Pedro había caído al nivel más bajo. Había fracasado en la prueba de la fe y, en su derrota, perdió la esperanza. Salió y lloró amargamente. (Historia parafraseada de Lucas 22 NVI).

Después de la Resurrección, Pedro dijo a varios de los discípulos:

—Voy a pescar.

—Nos vamos contigo —respondieron ellos.

Pasaron toda la noche intentándolo, pero no consiguieron nada. Estaban a punto de abandonar cuando oyeron una voz familiar que llegaba desde la orilla.

—Amigos, ¿han pescado algún pez?

—No —contestaron ellos.

—Tiren la red a la derecha del barco y pescarán algo —les indicó aquel hombre.

Cuando lo hicieron, el número de peces era tan grande que no podían subirlos al barco.

—Un momento —dijo uno de los discípulos—. Yo conozco esa voz. ¡Es el Señor!

Remolcaron el barco y la red llena de peces hasta la orilla. Cuando llegaron vieron unas brasas encendidas y un pez sobre ellas. Tras animarles a comer, Jesús se volvió hacia Pedro y le dijo: «Vayamos a dar un paseo».

Jesús sabía cómo se sentía Pedro y recordó la última conversación que mantuvo con él.

—Pedro, hijo de Juan, ¿me amas más que estos? —le preguntó.

—Sí, Señor, tú sabes que te quiero —contestó Pedro con solemnidad.

—Apacienta mis corderos —repuso Jesús y volvió a inquirir por segunda vez—: ¿Me amas?

—Sí, Señor, tú sabes que te quiero —respondió Pedro con el ceño ligeramente fruncido y pronunciando cuidadosamente sus palabras.

—Cuida de mis ovejas —le dijo Jesús.

Por tercera vez le hizo la pregunta.

—Simón, hijo de Juan, ¿me amas?

Pedro recordó gráficamente sus equivocaciones como discípulo: Una vez saltó del barco, caminó sobre el agua y, en pocos segundos, empezó a hundirse cuando apartó los ojos de Jesús. En otra ocasión, Jesús le reprendió y se refirió a él como Satanás. Se había quedado dormido cuando el Señor le había pedido específicamente que se mantuviera despierto y orar solo durante una hora. Y, por supuesto, recordaba haber negado tres veces a su Señor.

Pedro no estaba seguro de por qué el Señor le hacía la misma pregunta tres veces, pero se sentía claramente triste por su insistencia. Inclinó la cabeza y buscó las palabras correctas:

—Señor, tú sabes todo lo que hay que saber. Debes saber que te quiero.

Jesús le miró y en sus ojos había aprobación.

—Apacienta mis ovejas.

A continuación repitió las mismas palabras que le había dicho la primera vez que se encontraron junto a la orilla del Mar de Galilea.

—¡Sígueme!

(Historia parafraseada de Juan 21 NVI).

Jesús dio una segunda oportunidad a Pedro. Quizás fue la mayor *segunda oportunidad* de la historia. Esta vez, su fe soportaría la distancia. En los días, semanas, meses y años que siguieron, Pedro se convirtió en un gran y devoto seguidor de Cristo. ¿Por qué? Porque se reconcilió con Dios.

Tenía una relación con Dios, pero desertó. Tuvo un resbalón espiritual y necesitaba reconciliar su vida con el Señor. Si Él extendió su gracia y su perdón a Pedro una vez tras otra, a pesar de su arrogante confianza en sí mismo, ¿por qué dudaremos nosotros de que extienda su salvación hasta nosotros hoy?

Dios nos ama tanto que envió a su único Hijo para que pagara el precio con su sangre preciosa. Somos tan valiosos para Él que nos ofrece una y otra vez la oportunidad de la redención. Como vemos en la historia de la vida de Pedro, Él es el Dios de las segundas oportunidades.

Si tu relación con Dios es débil y no estás en paz con Él, el Señor quiere ofrecerte un nuevo comienzo, una segunda oportunidad. Si sabes que has permitido que los problemas y las preocupaciones de este mundo te contaminen, te adulteren y te distraigan de un compromiso sencillo aunque real con Dios, ten en cuenta este momento. No es casualidad que tengas este libro en las manos y estés leyendo sus páginas. Esta es una oportunidad santa que Dios ha orquestado desde la fundación del mundo para que te reconcilies con Él.

Antes de concluir esta sección me gustaría compartir contigo una experiencia que me impactó profundamente. Aunque he mencionado esta historia en otro libro, merece la pena repetirla aquí.

La primera noche de nuestra campaña en Ipís fue muy activa. Nuestra carpa tenía capacidad para cinco mil personas sentadas, pero aquella primera noche asistieron más de seis mil. Muchos estaban de pie a nueve metros de los límites de la carpa, solo para tener una oportunidad de ver qué sucedía en el interior.

Dos minutos antes de que empezara el culto, uno de los ujieres acompañó a un hombre hasta uno de los laterales a la izquierda. El único lugar que halló para él se encontraba a tres sillas del lateral. Ella extendió su mano, para señalarle la silla plegable de metal que estaba libre. Él bajó la cabeza y pasó por delante de los dos individuos que esperaban pacientemente que el evento diera comienzo. Tenía el cabello desordenado. Su ropa estaba desgastada y no se había afeitado desde hacía una semana. Las oscuras ojeras que bordeaban sus ojos indicaban que le había resultado difícil dormir. Todo esto añadía diez años a su aspecto.

En pocos minutos, 115 decibelios salieron del sistema de sonido profesional que utilizábamos para nuestras giras, mientras el grupo daba comienzo a una sesión de música de alabanza y adoración que duró cuarenta minutos. La gente daba palmas y cantaba. Algunos levantaban sus manos. El hombre seguía sentado en su silla sin ninguna emoción aparente. En todo aquel rato no se movió. Hacia el final de mi mensaje invité a aquellos que quisieran comenzar una relación con Dios o que desearan recuperar la que un día tuvieron. Junto con otras 550 personas, él levantó la mano y se puso en pie. Con sus manos alzadas, el grupo se acercó al frente donde oramos juntos.

Di por terminado el llamamiento al altar pidiendo a aquellos que habían pasado adelante que siguieran a mi coordinador de campaña a la carpa anexa que servía de centro de asesoramiento. Todos se dirigieron hacia allí, excepto el hombre de las oscuras ojeras. Él se quedó allí, mirándome fijamente.

Indiqué a uno de los líderes de nuestro equipo que le acompañara personalmente a la otra carpa. Yo sabía que algo no iba bien, pero desconocía sus conflictos personales. El asistente de sala le condujo al centro de asesoramiento.

La noche siguiente estuvo sentado durante el mismo periodo de cuarenta y cinco minutos antes de que el culto comenzara. Durante la música, no se movió en ningún momento. Pero cuando hice la invitación, levantó la mano y se puso de pie. Del mismo modo que la noche anterior, pasó al frente y acabó en la carpa adyacente con centenares de personas para hablar con un consejero. Esto ocurrió todas las noches de la campaña.

Varias semanas después, mi coordinador de campaña me llamó y me comentó:

—He conseguido confirmar una entrevista para los archivos del ministerio. Grabaremos en video dentro de dos semanas. ¿Podrás organizarte?

—Claro, lo estoy deseando —respondí.

Dos semanas más tarde, entré en nuestro estudio de video, donde mi equipo ya me estaba aguardando. Sentado frente a una cámara se encontraba el hombre que se había sentado cada noche, sin expresar ninguna emoción durante la campaña anterior. Cuando me vio, saltó de su silla y me abrazó. Se echó hacia atrás para poder ver mejor, sacudió la cabeza y siguió sonriendo. Su gozo era contagioso. Yo no podía dejar de sonreír junto con los demás.

—Jasón, me alegro de que estés aquí. Estamos a punto de comenzar. Que todos se sienten, por favor —anunció mi coordinador.

Muy pronto, la cámara estaba grabando y el hombre empezó a contarnos su historia:

«Hace algún tiempo, mi esposa me abandonó por otro hombre, pero no dejó a los niños. Se los llevó y se fue a vivir con aquel tipo. Yo no disponía de los recursos necesarios para luchar por la custodia y mi negocio se fue deteriorando rápidamente. Acabé perdiéndolo también. Peleé durante seis meses sin final a la vista. Pasé incontables noches sin dormir pensando en la forma de poder solucionar mis problemas de dinero y los familiares. Fue entonces cuando me rondó el pensamiento de terminar con todo. Intenté combinar píldoras con licor, pero sin éxito.

El martes pasado, me dirigía hacia un puente. Estaba convencido de que era la única forma de silenciar las voces diabólicas que oía en mi cabeza y que me decían que cometiera suicidio. Mientras manejaba por la calle abajo, vi sus dos grandes carpas blancas y el cartel que decía: *Hay Esperanza en Jesús.* Al ver aquellas palabras, me aparté hacia un lado de la carretera, apagué el motor de mi auto y elevé a Dios una plegaria de una sola frase: «Dios, si existes, te ruego que me ayudes esta noche». Yo quería una segunda oportunidad. La necesitaba con desesperación.

Entré por el fondo de la carpa y no había ningún sitio libre. Casi un millar de personas estaban de pie, pero Dios se encargó de que hubiera un asiento para mí. Usted hizo la invitación de comenzar una nueva vida con Cristo. *¿Es esta la segunda oportunidad que Dios me está ofreciendo?*, me pregunté. Asistí noche tras noche, y cada noche hablé con un asesor al acabar. Finalmente, el jueves por la noche oré y pedí al Señor que tomara las riendas de mi vida, y Él me salvó.

Desde aquel momento, empecé en mi nuevo empleo y la semana pasada he sabido que puedo ver a mis hijos tan a menudo como quiera.

La salvación en Cristo me ha dado una segunda oportunidad.

Acabó de dar su testimonio y se desprendió del micrófono que llevaba en la camisa. Escuchar aquellas palabras hizo que me diera cuenta de que cualquiera que pierda toda esperanza puede descubrir una nueva vida en Cristo. Todo el mundo es candidato para experimentar el maravilloso y poderoso don de la salvación.

Seguridad de salvación aun cuando no la sintamos

Existen momentos en los que todos cuestionamos la realidad de la salvación, la presencia de Dios y la autenticidad de lo sobrenatural. Los sentimientos no nos llevan al cielo. La fe sí. Actúa sobre nuestras convicciones aun cuando podamos sentir que el esfuerzo no merece la pena. Si pides al Señor que te ayude —aun en tu incredulidad— ¡Él lo hará! «Todo el que invoque el nombre del Señor será salvo» (Romanos 10.13).

¿Cómo puedo afirmar que Dios siempre contesta la oración para pedir salvación? Porque la misión de Cristo es buscar y salvar a lo que está perdido (Lucas 19.10). La Biblia nos promete que todo aquel que invoque el nombre del Señor será salvo. En toda la Biblia no encontramos a nadie que expresara sinceramente el deseo de seguir a Dios y que fuese rechazado. Tú, amigo mío, no eres una excepción. «Dios no envió a su Hijo al mundo para condenar al mundo, sino para salvarlo por medio de él» (Juan 3.17). ¡La salvación es el plan, el propósito y el destino de Dios para nuestra vida! Cuando pides a Dios que te salve, ¡espera que lo haga! *Él es nuestro Salvador.*

Al repasar este capítulo descubrimos el infinito amor que Dios siente por la humanidad. En el centro del corazón de Dios se encuentra el deseo de reconciliar a todos los seres humanos con Él. Todo aquel que sea sincero a la hora de buscar el maravilloso don de la salvación —que Dios nos ofrece con tanta generosidad— puede esperar recibirlo.

Cuando Cristo es el Señor de nuestra vida, nos salva del infierno sobre la tierra y del que existe después de la vida. Lo único que necesitamos para recibir su redención es un deseo sincero de seguirle. La salvación en Cristo nos proporciona *el camino* cuando estamos perdidos, *la verdad* cuando buscamos respuestas y *la vida* cuando no tenemos nada por lo que vivir. Finalmente, independientemente de las veces que hayamos fracasado o caído, el Señor nos ofrece otra oportunidad.

Amigo, si te resulta difícil sentir la salvación de Dios para tu vida, yo quiero ofrecerte una oración final que he elevado al Señor cuando he sentido la necesidad de empezarlo todo de nuevo.

Si necesitas un nuevo comienzo, porque tu relación con Dios es débil; o si anhelas volver a empezar, pero no sabes por dónde, estoy convencido de que esta oración te vendrá muy bien. Me ha ayudado a mí en varios momentos cruciales de mi vida.

Señor, sé que he cometido demasiadas equivocaciones. No soy perfecto. Perdóname por no hacer de nuestra relación mi más alta prioridad. He dejado que las distracciones y las tentaciones tiraran de mí. Quiero estar en paz contigo y que te sientas orgulloso de mí. ¿Querrás concederme un nuevo comienzo? Te ruego que me perdones y que me aceptes como uno de tus preciosos hijos. Dedico una vez más mi vida a ti y te pido que me des tu Espíritu para vencer todo lo que me retiene. En el nombre de Cristo, amén.

Las oraciones para pedir salvación que he enumerado en este capítulo pueden resumirse con esta plegaria de dos sencillas frases: *Señor, sálvame. Te entrego mi vida y te pido que seas mi Señor.*

Conclusión

Había sido un largo viaje por carretera con más de treinta y cinco compromisos para hablar en veintiocho ciudades, en veinticinco días. Acometí el último fin de semana completamente exhausto y con seis eventos por delante. Tras manejar durante dos horas para llevar a mi esposa y mis hijas al Aeropuerto Internacional de Los Ángeles, tuve que enfrentarme a tres horas de tráfico para llegar al plato fuerte de la gira. Mi única oración fue: «Dios, por favor, ayúdame a no estropearlo todo».

Llegué una hora y quince minutos tarde y entré por la puerta en el momento en el que me estaban presentando. Cuando acabó la última noche, recogieron más dinero que ninguno de los años anteriores. Subí a mi auto y me dirigí de vuelta al hotel.

Al día siguiente, manejé hasta la ciudad más lejana de la gira, que se encontraba a cinco horas al norte. Acabé a las 9:00 de la noche y tenía que volver a manejar otras cinco horas en dirección sur para llegar a la ciudad en la que tenía tres cultos de domingo a la mañana siguiente. Tras registrarme en el hotel a las 2:00 de la madrugada, advertí a la recepcionista de noche: «Por la mañana voy a necesitar varias llamadas del servicio de despertador. ¿Por qué no establecemos el primero a las 6:30 de la mañana y cada quince minutos después del primero?». Ella me miró como si yo fuera de otro planeta.

Recuerdo las palabras que murmuré al Señor al entrar en el ascensor. «Señor, necesito que me despiertes por la mañana».

Me arrastré literalmente hasta la cama, completamente vestido. Sabía que tendría que levantarme cuatro horas después, ni un solo hueso de mi cuerpo deseaba que llegara el día siguiente. Cerré los ojos y me quedé dormido. En mi mente, solo habían pasado sesenta segundos cuando oí el chillido de una sirena que resonaba en mi habitación y en cada una de las plantas del establecimiento. La alarma de incendios obligó a todo el mundo a evacuar el edificio.

La gente, corría en pijama por los pasillos hasta llegar a las escaleras para dirigirse al vestíbulo. Mientras todos se congregaban alrededor del mostrador principal, el director del hotel anunció humildemente que se trataba de una falsa alarma. Alcé los ojos y miré el reloj de pared. Eran las 6:25 de la mañana. Una cosa era segura: ¡Dios había contestado mi oración!

Dos minutos después de volver a mi habitación, sonó el teléfono. Era el recepcionista: «Buenos días, Sr. Frenn. Esta es su llamada despertador». Pensé para mis adentros: *Tiene que ser una broma.* Creo que Dios se estaba riendo.

* * *

Como misionero, la pregunta que más se me formula es la siguiente: «¿Por qué no vemos en Norteamérica las cosas milagrosas que las personas experimentan en otros países?». Esta pregunta merece un debate mucho más largo que el tiempo no nos permite en estos momentos, por tanto seré breve e iré al grano.

En los países en los que la gente experimenta progresos milagrosos, Dios es una pieza muy grande en su pequeño y sencillo puzle. En Norteamérica y Europa Occidental, Dios se ha visto lamentablemente reducido a un fragmento muy pequeño de nuestro gran y complejo puzle. La clave para ver grandes progresos milagrosos es convertir a Dios en una pieza más grande en nuestra vida. Cuando eso ocurre, será inevitable que empecemos a experimentar algo poderoso. El mejor lugar para comenzar es la oración. Pasar tiempo con Él acarreará los mayores cambios y progresos jamás experimentados.

Permíteme añadir que la mayoría de mis colegas, por no decir todos, que trabajan en Latinoamérica, África y Asia estarían de acuerdo en que Dios contesta las respuestas enumeradas en este libro. En su mente habría pocas dudas en cuanto a que existen leyes espirituales y promesas con las que todos los seres humanos pueden contar. La civilización occidental es la única en la que cuestionamos, analizamos en demasía y relativizamos los principios espirituales.

Descubrí tres cosas mientras investigaba y escribía sobre estas oraciones. En primer lugar, mi fe, junto con los miles de versículos bíblicos en los que indagué, me condujeron a creer que Dios siempre contesta las oraciones mencionadas en las páginas de este libro. Más allá de toda duda, mi fe influye en mis conclusiones.

En segundo lugar, al empezar a escribir hubo un tema que se volvió claro y cristalino. Dios te ama más de lo que eres capaz de entender y moverá montañas para ayudarte.

En tercer lugar, aunque la fe es un ingrediente fundamental que nos ayuda a conectar con Dios, no es lo más importante. Descubrí que un corazón sincero y genuino es lo que más valora el Señor. Cuando somos transparentes con Él en nuestras peticiones, podemos estar seguros de que Él nos escuchará y considerará lo que nuestro corazón le pida. Es el único requisito previo cuando oramos.

Antes de escribir ni una sola palabra, entrevisté a más de un millar de personas para descubrir qué oraciones de petición eran las más comunes. Existía una correlación directa entre las oraciones que las personas desean que Dios conteste y aquellas que Él siempre contesta. Estas oraciones no están enumeradas en un orden particular de relevancia espiritual. Las anoté empezando por la más fácil y terminando con la más difícil.

La oración para pedir dirección

De todas las oraciones que Dios contesta, esta es la más sencilla de tratar. Dios guía de buen grado y dirige a todos los que le buscan. A lo largo de todo el Antiguo y el Nuevo Testamento, solo una persona pidió la dirección del Señor y se le negó: el rey Saúl. Su corazón infiel, insincero e impenitente provocó un abismo entre Dios y él. Aparte de Saúl, todas las demás personas que pidieron dirección al Señor la recibieron.

Cuando aplicas esta oración, puedes confiar en que Dios te guiará en muchas áreas. Cuando luchas con la pregunta: *¿Qué estoy haciendo con mi vida?*, Él muestra un sendero claro hacia un propósito, una trascendencia y un significado. Cuando elevas la oración para pedir dirección, puedes buscarle para que te proporcione respuestas con respecto a tus relaciones, tus finanzas, los temas de salud y la familia.

Existen momentos en los que llegamos a una encrucijada y necesitamos la ayuda de Dios para ver el mejor curso de acción. Cuando no estamos seguros de cuál es el siguiente paso adecuado, podemos acercarnos al Señor en busca de ayuda. Dios siempre quiere guiarnos, porque siempre quiere que le sigamos. Se muestra fiel a la hora de guiarnos en todas las áreas de nuestra vida.

Si necesitas la dirección de Dios, las oraciones enumeradas

en el capítulo 1 cubrirán muchas áreas en las que puedes necesitar la ayuda de Dios.

La oración para pedir perdón

En los miles de versículos que investigué para este capítulo descubrí que Dios extiende una y otra vez su perdón a las personas. Manasés fue la única excepción. Su corazón impenitente provocó que oleadas de asaltantes atacaran a Israel porque llenó Jerusalén de sangre inocente. Por esta razón, el Señor no estaba dispuesto a perdonarle. Sin embargo, en todos los demás casos Dios siempre perdonó misericordiosamente a todas las personas que se arrepintieron.

Cuando deseas sinceramente estar en paz con Dios y estás dispuesto a ser transparente con respecto a tus defectos, Dios extiende sus brazos amorosos y te abraza. Tus equivocaciones nunca son demasiado grandes para que el Señor las perdone. Tu problema puede ser la promiscuidad sexual, tu fracaso como padre, que no respetes a tus progenitores, una conducta inmoral, el materialismo o que te apartes de Dios. Cualquiera que sea el caso, cuando elevas la oración para pedir perdón, el Señor te mira con un corazón lleno de compasión. Quiere redimir y perdonar todas y cada una de tus transgresiones.

La mayor declaración de amor hecha por Dios fue cuando envió a su Hijo para que expiara la totalidad de los pecados cometidos en todos los tiempos. Esto es lo que me permite afirmar que Dios siempre contesta la oración para pedir perdón. Él siente que tu vida merecía el precio de enviar a su Hijo a la cruz para que tus deudas espirituales fueran saldadas. Te considera la niña de sus ojos.

Independientemente de lo que hayas hecho, las oraciones enumeradas en el capítulo 2 te ayudarán a conectar con Dios para que puedas experimentar el poder de su perdón.

La oración para pedir liberación

La Biblia dice que Cristo libera al oprimido y deja en libertad al cautivo. Él rompe los baluartes de maldad que el enemigo coloca en nuestra vida. Cuando estamos estancados, luchamos contra los vicios o caemos en la tentación, podemos clamar al Señor para que quebrante las cadenas que nos mantienen atados.

El Antiguo Testamento presenta muchas historias de personas que pidieron a Dios que les liberara y, en todos los casos, Él contestó sus oraciones. Todo aquel que fue a Cristo en busca de liberación espiritual quedó libre de la opresión demoníaca.

Ya sea que te sientas atormentado y no puedas encontrar la paz o que hayas perdido tu voluntad de dar un paso más, cuando pides al Señor que te libere, Él demostrará su poder en tu vida y te libertará.

Toda autoridad en el cielo y sobre la tierra está en sus manos. No existe principado o poder del enemigo que pueda apartarte de los brazos amorosos de Dios. Cristo no solo te libera de las fuerzas del reino de la oscuridad, sino también de las adicciones, temor y ansiedad, y del poder del pecado. Todo ser humano es un candidato a recibir el maravilloso don y tú no eres una excepción a esa promesa espiritual.

Las oraciones enumeradas en el capítulo 3 son una recopilación del Antiguo y el Nuevo Testamento y te ayudarán a conectar con el poder de Dios que deja libre al cautivo.

La oración para pedir provisión

La oración para pedir provisión está escrita desde una perspectiva bíblica que sostiene que Dios suple las necesidades de aquellos que invocan su nombre. En mi investigación no encontré ni un solo versículo que sugiriera que Dios rechazara las oraciones de aquellos que buscaban su provisión. La evidencia es abrumadora. Dios ama, ayuda y cuida a aquellos que depositan su confianza en Él. El rey David lo resumió muy bien cuando afirmó: «Una vez fui joven, ahora soy anciano, sin embargo, nunca he visto abandonado al justo ni a sus hijos mendigando pan» (Salmo 37.25 NTV).

Existen distintas áreas a las que puedes aplicar la oración para pedir provisión y confiar en que Dios la contestará. Ya sea que necesites la provisión de Dios para las necesidades básicas de la vida, las dificultades económicas, o para abrir puertas que conduzcan a nuevas oportunidades, la mano de Dios se mueve cuando depositas tu fe en Él.

Recuerda que Dios es soberano y se interesa profundamente por tus necesidades. Cuando sientes que estás contra la pared, pide al Señor que supla cada necesidad que tienes. Si te cuesta ver un progreso, escribe todas las peticiones y preséntalas en una oración. Él es Dios de la provisión que nunca abandona a aquellos que se acercan a Él en busca de ayuda.

Las oraciones enumeradas en el capítulo 4 están tomadas de distintas oraciones que se encuentran a lo largo de la Biblia. Confío en que habrá un gran estímulo en tu vida.

La oración para pedir sanidad

Dios sanó a personas tanto en el Antiguo como en el Nuevo Testamento. Algunas veces, su sanidad era instantánea. En otras ocasiones, era el resultado de un proceso y ocurría a lo largo del tiempo. No se limitaba solamente al cuerpo físico. La sanidad de Dios tocaba también el espíritu y el alma.

En la sanidad destacan también otros aspectos varios. En primer lugar, Dios sana a personas para que le glorifiquen. En segundo lugar, el resultado de su sanidad da a las personas el tiempo y la capacidad de llevar algo a cabo que, de otro modo, serían incapaces de conseguir. Finalmente, a Dios le agrada que la gente le pida su toque milagroso cuando depositan su fe en Él de todo corazón.

Ya sea que nos enfrentemos a una enfermedad espiritual, psicológica o física, Dios utiliza todos los recursos disponibles para traer sanidad a nuestra vida. Puede utilizar un avance farmacéutico, un asesor, un ministro o un médico para orquestar las soluciones que necesitamos. No se ve limitado por nuestros paradigmas, nuestra teología o nuestras expectativas que le obliguen a meterse en una caja.

Dios está siempre dispuesto a curar nuestras iniquidades espirituales, principalmente porque Él es el único que puede hacerlo. En la mayoría de los casos, sana nuestras heridas emocionales y, algunas veces, sana nuestro cuerpo por medio del toque divino.

Independientemente de que vayas al médico o te postres de rodillas, necesitas fe para creer que existe un remedio para ti y que Dios lo tiene todo bajo control. Depositar tu fe en Dios es una de las mejores cosas que puedes hacer para ir más allá de las cuestiones que te retienen.

Las oraciones enumeradas a lo largo del capítulo 5 te ayudarán a orar y a descubrir la sanidad física, psicológica y espiritual de Dios.

La oración para pedir bendición

Aunque muchas personas definan la palabra *bendición* en términos de finanzas, tener buen aspecto, o recibir largas vacaciones pagadas con un tratamiento de spa de cortesía, las bendiciones de Dios son mucho más espléndidas que todo eso. Abarcan los beneficios espirituales, materiales, emocionales, familiares y también de nuestras relaciones. Son el resultado del favor y de la aprobación de Dios con respecto a nuestra vida.

Según la Biblia, Dios nos bendice en muchas áreas. He enumerado las cinco más recurrentes. Son las siguientes: Su bendición sobre nuestra familia (esposa, hijos y las generaciones siguientes), nuestro trabajo (profesión y productividad), nuestras necesidades y nuestras finanzas. Finalmente, Él nos da los dones necesarios para llevar a cabo su propósito divino y su llamamiento en nuestra vida.

Quizás la mayor de las bendiciones que Dios otorga a nuestra vida sea la de su presencia y su infinito amor por nosotros. El Dios del universo se toma el tiempo de buscarnos aunque estemos en el punto más bajo, como hizo con Adán y Eva, Ezequías, David, Elías y Pedro. Cuando te sientes decepcionado o derrotado, el Señor mismo toma la iniciativa de conectar contigo y alentar tu corazón.

Si durante los próximos treinta días pides al Señor que derrame su favor sobre tu vida, estoy convencido de que verás maravillosos avances en muchas de las áreas en las que buscas la bendición de Dios.

La oración para pedir salvación

Irónicamente, para este evangelista, el capítulo correspondiente a la oración para pedir salvación ha sido, con diferencia, el más difícil de escribir, sobre todo porque no quería que pareciera el cliché de alguna teología estadounidense ni que diera la sensación de estar influenciado por ella. Sin embargo, es uno de los capítulos más importantes. El lector debe captar el momento preciso y colocar el libro en las manos de alguien que se pueda beneficiar de él de una manera específica.

Existen dos tipos de salvación, la que podríamos denominar como *aquí y ahora* y la que viene *después de la muerte*.

Con respecto al primero, todo ser humano tiene un agujero en su corazón que solo Dios puede llenar. Lamentablemente, las cosas que pensamos y que nos abandonan a merced de un patrón de conducta autodestructivo y sus consecuencias pueden tener un efecto devastador en nuestro cuerpo, nuestras relaciones, nuestra familia y nuestra profesión. Esa es la razón por la cual Dios envió a Cristo para que sirviera de puente sobre el abismo y llenara el vacío de nuestro corazón, salvándonos de nosotros mismos.

En segundo lugar, Cristo vino a salvarnos del infierno existente en la vida después de la muerte, donde el tormento es eterno. Quien no acepte su redención antes de que su vida toque a su fin queda totalmente separado de Dios, de sus amigos y de sus seres queridos. No hay paz ni gozo, ni tampoco descanso. Dios nos valora tanto que envió a su único Hijo para rescatarnos de un horror y un dolor semejantes.

Un corazón sincero que nos conduce a aceptar que Cristo es el camino, la verdad y la vida, es el único requisito para recibir la salvación. Cualquiera que sea el punto de tu viaje espiritual en el que te encuentres, el Señor está deseoso de comenzar una relación contigo. Si no has orado nunca antes, o si un día le serviste y te apartaste, Él quiere reconciliar tu vida. La supervivencia no es el propósito que Dios tiene para ti. Él quiere que vivas. Y desea que lo hagas de una forma más abundante.

* * *

Quiero dejarte este reto. Tómate un mes y eleva las oraciones que se mencionan en las páginas de este libro delante del Señor, o ponle tus propias palabras. Estoy convencido de que después de treinta días verás poderosos y milagrosos avances en tu vida. Mi oración es que el Señor Dios Todopoderoso bendiga ricamente tu vida en todo.

Te ruego que utilices las instrucciones de la plantilla que encontrarás en la sección siguiente de este libro para empezar un diario de oración. También puedes descargarla de nuestra página web: jasonfrenn.com.

En cada capítulo he incluido oraciones tomadas de distintas partes de la Biblia. Al llegar juntos al final de este libro, me gustaría aprovechar la ocasión para orar que Dios derrame sus bendiciones sobre tu vida. Desde que empecé a escribirlo he orado todos los días por ti. Confío en que estas páginas sean un gran estímulo para ti y que sirvan para que des un salto espectacular en todas las áreas de tu vida.

Señor, te doy gracias por la vida de la persona que tiene este libro en sus manos. Te pido que concedas todas las ricas bendiciones mencionadas en estas páginas a este estimado amigo que busca con diligencia tu ayuda en este momento. Guíale en cada encrucijada. Perdona todas las equivocaciones y las deficiencias. Libra a mi amigo de la tentación, el mal, los vicios y de todos los ataques del enemigo.

Te ruego que proveas para cada necesidad básica y cada dificultad financiera. Sana toda enfermedad y cubre el cuerpo, el alma y el espíritu de mi amigo con tu gracia y tu poderosa presencia. Abre las compuertas del cielo y derrama una bendición tan abrumadora que mi amigo no la pueda contener. Finalmente, te pido que tu salvación impregne esta vida ahora y en la vida venidera. ¡Bendice a esta persona y a su familia durante mil generaciones! Te lo pido en el precioso y santo nombre de Cristo Jesús. Amén.

Instrucciones para el diario de oración

«**P**idan, y se les dará; busquen, y encontrarán; llamen, y se les abrirá» (Mateo 7.7).

Dios se interesa profundamente por nuestra vida y quiere ayudarnos a experimentar poderosos avances. Tómate unos minutos y anota los problemas a los que te estás enfrentando y deja que el Señor conteste tus oraciones en el transcurso de los días, semanas, y meses siguientes. Esta es una forma sencilla de organizar un eficaz diario de oración.

En una hoja de papel, arriba a la izquierda, escribe: «Fecha». Aproximadamente a un centímetro y medio, hacia la derecha, anota: «Petición de oración». A continuación, a unos diez centímetros del borde derecho del papel apunta: «Fecha de la contestación». Luego, debajo de cada uno de los títulos, empieza a rellenar la hoja con las distintas peticiones de oración. Asegúrate de buscar con diligencia las respuestas de Dios en las muchas maneras que Él puede escoger para contestar tus oraciones. Aquí tienes un ejemplo:

Fecha	Petición de oración	Fecha contestada	Breve descripción
14 de enero	Necesitamos dirección para escoger una escuela para nuestros hijos.	21 de enero	¡Lo supimos tras acabar la entrevista!
27 de enero	El coche se ha averiado y necesitamos un transporte alternativo.	29 de enero	John nos prestó su coche.
5 de febrero	Jennifer tiene 40° C de fiebre. El médico no está muy seguro de la causa.	6 de febrero	¡¡Doce horas después, la fiebre remitió!!

Si te gustaría tener la plantilla para un diario de oración en PDF y gratis con versículos bíblicos, visita mi página web: jasonfrenn.com.

Asimismo, si quieres que ore por ti, te ruego que visites nuestra página de Facebook dedicada a la oración: facebook.com/oraciones. Allí puedes dejarme tu petición y sé que centenares de personas elevarán tu petición delante del Señor. ¡Quiero que experimentes el gozo de ver cómo obra la mano del Señor en tu vida!

Preguntas para la reflexión personal y el debate en grupo

Capítulo 1: La oración para pedir dirección

Aun allí me guiará tu mano, y me asirá tu diestra (Salmo 139.10 LBLA).

Preguntas para la reflexión personal

1. ¿De qué manera te sientes atascado?
2. ¿Cuáles son algunas de tus mayores frustraciones?
3. ¿En qué áreas necesitas la dirección de Dios?

Preguntas para debatir en grupo

1. ¿Cómo te muestra Dios su dirección?
2. ¿En qué área has experimentado un gran avance?
3. ¿De qué forma pueden orar otros para que Dios dirija tu vida?

Capítulo 2: La oración para pedir perdón

Oh SEÑOR, por amor de tu nombre, perdona mi iniquidad, porque es grande (Salmo 25.11 LBLA).

Preguntas para la reflexión personal

1. ¿En qué sientes que has pecado?
2. ¿Cómo te ha ayudado el perdón de Dios a vencer aquello que te retenía?
3. ¿Cómo puedes recordar que Dios te ama a pesar de tus errores espirituales?

Preguntas para debatir en grupo

1. En tu opinión, ¿cuáles son las áreas más comunes en las que la gente sigue fallando?
2. ¿Por qué permanecen algunos pecados en nosotros durante toda la vida y, sin embargo, hay otros de los que podemos deshacernos con facilidad?
3. ¿Cómo pueden pedir tus amigos que Dios te dé fuerza y aliento?

Capítulo 3: La oración para pedir liberación

Líbrame en tu justicia, y rescátame; inclina a mí tu oído, y sálvame (Salmo 71.2 LBLA).

Preguntas para la reflexión personal

1. ¿En qué te sientes oprimido?
2. ¿En qué áreas necesitas que el poder de Dios te libere?
3. ¿Con cuál de las historias del capítulo 3 te identificas más? ¿Por qué?

Preguntas para debatir en grupo

1. ¿De qué manera conducen la ira y la falta de perdón a la opresión?

2. ¿De qué forma se convierten las personas en esclavas de las adicciones y los vicios? ¿Cuál es el impacto de esto en la familia?
3. ¿Cómo te gustaría que otros oraran por ti para que puedas experimentar liberación?

Capítulo 4: La oración para pedir provisión

Y mandó a la gente que se sentara sobre la hierba. Tomó los cinco panes y los dos pescados y, mirando al cielo, los bendijo. Luego partió los panes y se los dio a los discípulos, quienes los repartieron a la gente. Todos comieron hasta quedar satisfechos, y los discípulos recogieron doce canastas llenas de pedazos que sobraron (Mateo 14.19-20).

Preguntas para la reflexión personal

1. ¿Qué te impide dormir por la noche?
2. ¿Si pudieras chasquear los dedos y hacer que ocurrieran tres cosas de inmediato, cuáles elegirías?
3. ¿De qué manera has experimentado la provisión de Dios en tu vida?

Preguntas para debatir en grupo

1. ¿Cómo te roban esas preocupaciones a las que te enfrentas la paz que Dios quiere que experimentes?
2. ¿Cuáles son las áreas en las que necesitas la provisión de Dios?
3. ¿Cómo pueden orar otros para que la provisión de Dios esté sobre tu vida?

Capítulo 5: La oración para pedir sanidad

Como había sanado a muchos, todos los que sufrían dolencias se abalanzaban sobre él para tocarlo (Marcos 3.10).

Preguntas para la reflexión personal

1. ¿De qué manera necesitas la sanidad de Dios en tu vida?
2. ¿Has visto o has experimentado la sanidad?
3. ¿Te estás enfrentando a alguna enfermedad física, psicológica o espiritual para la que no tienes solución? Si es así, ¿de qué se trata?

Preguntas para debatir en grupo

1. ¿De qué manera puede degastar una enfermedad física nuestra salud espiritual y psicológica?
2. ¿Cómo nos sana Dios espiritualmente?
3. ¿Cómo pueden orar otros por tu recuperación física y psicológica, y por tu redención espiritual?

Capítulo 6: La oración para pedir bendición

Porque tú, oh Señor, bendices al justo, como con un escudo lo rodeas de tu favor (Salmo 5.12 lbla).

Preguntas para la reflexión personal

1. ¿Cómo te gustaría ver que las bendiciones de Dios pasan a las generaciones que te siguen?
2. ¿Existe un patrón generacional destructivo que te gustaría romper? Si es así, ¿cuál es?

3. ¿Puedes identificar alguna cosa que estés haciendo y que esté reteniendo las bendiciones que Dios tiene para tu vida?
4. ¿Por qué es tan difícil creer que Dios nos quiere bendecir de muchas maneras?
5. Nombra tres áreas en las que te gustaría ver desbordarse las bendiciones de Dios en tu vida este año.

Preguntas para debatir en grupo

1. ¿Cuáles son algunas de las maneras en las que las familias transmiten unos patrones generacionales de destrucción a sus hijos?
2. ¿Cuáles son algunas de las promesas y bendiciones de Dios para aquellos que confían en el Señor? ¿Qué crees tú *realmente* acerca del carácter de Dios? ¿Te dará Él esas cosas maravillosas?
3. ¿Cuáles son algunas de las bendiciones que te gustaría experimentar en los próximos meses?
4. ¿Cómo pueden orar otros de forma específica para que experimentes un maravilloso avance?

Capítulo 7: La oración para pedir salvación

Trabaja toda tu vida para el pecado y tu paga será la muerte. Pero el don de Dios es la *verdadera* vida, la vida eterna, que Jesús, nuestro Señor, nos da (Romanos 6.23 [traducido de la Biblia versión inglesa MESSAGE]).

Preguntas para la reflexión personal

1. ¿De qué nos salva Dios en esta vida y después de la muerte?

2. ¿Puedes describir el agujero de tu corazón? ¿Qué parece faltar en tu vida?

3. ¿Si murieras hoy, estarías en paz con Dios? ¿Tienes la certeza de que entrarías en la eternidad reconciliado con Él?

Preguntas para debatir en grupo

1. ¿Cuáles son algunas de las cosas que la gente hace para evitar comenzar una relación con Dios?

2. ¿Qué ha hecho Dios en tu lugar para redimirnos de una vida y una eternidad de destrucción?

3. ¿Te gustaría comenzar una relación con Cristo? Si es así, ¿a quién le puedes pedir que se una a ti en oración?

Notas

Capítulo 1: La oración para pedir dirección

1. http://www.creditcards.com/credit-card-news/credit-card-industry-facts-personal-debt-statistics-1276.php.

Capítulo 2: La oración para pedir perdón

1. http://www.troubledteens.com/troubled-teens-statistics.html).
Más del cuarenta por ciento de los matrimonios experimentan algún tipo de aventura adúltera, http://www.renewamerica.com/columns/tabot/050922.
2. http://en.wikipedia.org/wiki/Juvenile_delinquency.

Capítulo 3: La oración para pedir liberación

1. F. F. Bruce, *New International Commentary on the New Testament: The Book of Acts* (Grand Rapids: Eerdmans, 1988), 105. En español, *Hechos de los Apóstoles: introducción, comentario, y notas* (Buenos Aires, Argentina: Nueva Creación, 1998).

Capítulo 4: La oración para pedir provisión

1. http://upload.wikimedia.org/wikimedia.org/wikipedia7commons/6/60/Maslow%27s_Hierarchy_of_Needs.svg. En español, http://es.wikipedia.org/wiki/Pir%C3%A1mide_de_Maslow
2. Historia parafraseada de Leon Morris, *New International*

Commentary on the New Testament: The Gospel of John (Grand Rapids: Eerdmans, 1971), 489-93 [en español: *El Evangelio según Juan* (Terrassa: Clie, 2005)]; y Lyle Eslinger, *The Wooing of the Woman at the Well* (Nueva York: Oxford University Press, 1987), en *Journal of Literature and Theology* 1, 167-83.

3. Norval Geldenhuys, *New International Commentary on the New Testament: The Gospel of Luke* (Grand Rapids: Eerdmans, 1983), 182.
4. Ibid.

Capítulo 5: La oración para pedir sanidad

1. León Morris, *New International Commentary on the New Testament: The Gospel of John* (Grand Rapids: Eerdmans, 1971), 229-307.
2. William Lane, *New International Commentary on the New Testament: The Gospel of Mark* (Grand Rapids: Eerdmans, 1974), 192.

Capítulo 6: La oración para pedir bendición

1. http://en.wikipedia.org/wiki/Greek_drachma. En español, http://es.wikipedia.org/wiki/Dracma_griega.
2. León Morris, *New International Commentary on the New Testament: The Gospel of John* (Grand Rapids: Eerdmans, 1971), 489-93.

Capítulo 7: La oración para pedir salvación

1. Norval Geldenhuys, *New International Commentary on the New Testament: The Gospel of Luke* (Grand Rapids: Eerdmans, 1993), 470.